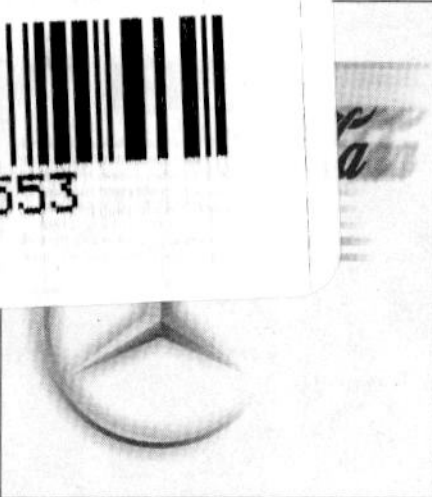

企業を高めるブランド戦略

田中 洋

講談社現代新書

目次

序章　なぜブランドが重要なのか

「ブルータスとシーザー、その『シーザー』という一語のなかに何があるというのだ？どうしてその名がきみの名よりも、多くの人の口の端にのぼせられるのか？」

——ウィリアム・シェークスピア『ジュリアス・シーザー』福田恆在訳 新潮社

1　ブランドに高まる関心

「ブランドの一〇年」

ブランドがマーケティングの世界で重要な問題になったのは一九八〇年代の終わりごろの米国である。ブランドという現象や考え方は、もちろんそれ以前からあった。しかしマーケティングや経営の問題としてブランドと向き合い、正面から取り上げていこうという動きが強まったのは、このころからである。

九〇年代は「ブランドの一〇年」と呼ぶにふさわしい。この間、ブランド論で主導的立場にあったデビッド・アーカー（カリフォルニア大学バークレー校名誉教授）は著書『ブランド・リーダーシップ』（二〇〇一年）の冒頭で、八〇年代後半にブランド・エクィティ概念（ブランドを企業の資産とみなして管理する考え方）が米国で注目された当初は「数年しか続かない一時的なマネジメントの流行」と思われていたと述べている。

実際、これまで経営の世界では「エクセレントカンパニー」「コアコンピタンス」「リエンジニアリング」……など、さまざまな用語と概念が次から次へと提唱されては消えていった。経営の世界でこのように流行語や流行「概念」が横行するのは、一つには米国の経営コンサルタントが自分のビジネスを拡大するために言葉を「発明」するからだが、ブランドについては少々事情が異なっていた。

九〇年代にブランドをこぞって取り上げたのは、マーケター（マーケティング担当者）あるいは研究者であった。彼らはブランド力が必要なことを「身にしみて」感じるようになったのである。

日本でも九〇年代の後半に、広告主からの要請でブランドを広告代理店が取り上げるようになった。実務家と研究者主導のブランドへの熱気、これが九〇年代の大きな特徴である。

なぜブランドに限って一〇年以上も続く関心を引き起こしえたのか。また、そこで言われているブランドとは何を意味しているのだろうか。

八〇年代にCI（コーポレート・アイデンティティ）運動がもてはやされ、企業のマークやロゴ、さらには社歌から社旗までも新しくすることが流行《はや》ったことがある。しかし、バブル崩壊とともにCIブームは去り、はたしてCIは有効な経営戦略だったのかどうか誰も総括しないままにブームは終わってしまった。現在のブランド熱も日本企業の不況下での悪あがきにすぎなかった……と後世の歴史家は語るかもしれない。

しかしながら、ブランド本来の問題はそのようなところにはない。後で取り上げるように、ブランドをマーケティングの基盤にすえて、従来のマーケティングを組み立て直し、より有効なものとすることができるかが問題なのである。ただし、ここで言われているブランドとは、ルイ・ヴィトンやエルメスのような「ファッションブランド」のことを指しているわけではない。また、高級ブランドへの日本人の嗜好《しこう》を明らかにしようというわけでもない。

ブランドマネジメントへの関心は九〇年代の世界的な現象であったが、日本企業の多くは長い間ブランドに関心をもつことはなかった。

青木幸弘（学習院大学教授）と恩蔵直人（早稲田大学教授）のアンケート調査報告書「日本企業のブランドマネジメント」（日経産業消費研究所　二〇〇一年）によれば、アンケートに回答した日本の製造業一九一社のうち五八・六パーセントがブランドマネジメントを行うための組織やスタッフをもっている。また、ブランドを扱う専門の部署をもっていると回答した企業は二五・一パーセントであった。

ここからは日本企業もブランドに対して急速に関心をもち始めていることがうかがえる

が、それはごく近年のことにすぎない。

2 ブランドを買うアメリカ企業

強いブランドはM&Aの対象

一九八〇年代の半ばまで、ブランドという概念は日本で関心をもたれていなかったが、欧米の先進的な消費財企業、たとえばネスレ、ユニリーバ、フィリップモリス、アメリカン・エキスプレスといった企業のマーケティングの現場では、ブランドという概念はすでに「常識」に属していた。

マーケティングを行うのはブランドを育成するためであり、ブランドの価値を高めることが企業の使命である——こうした考えをもつグローバル企業にとって、ブランドは古くからの関心事であった。

しかし当時は、ブランドについての理論や研究は何もなかった。マーケティングの教科書にブランドという文字があったとしても、そこにはブランドそれ自体をマネジメントするという考え方は存在していなかったのである。

八〇年代の終わりになって、米国ではブランドへの関心が急速に高まった。直接的な原因は、消費財企業の多くが行ったM&A（企業合併と買収）である。たとえば、ネスレ社が「ブイトーニ」、「マッキントッシュ」、「ペリエ」などを買収したのは八〇年代の後半である。またフィリップモリス社は食品企業の大手、ゼネラルフーズ社を買収した。フィリップモリスの幹部は当時、ゼネラルフーズ買収の目的がブランドの買収であったことを明らかにしている。

強いブランドをもった企業を買収すれば長期的に安定した売り上げが見込めるし、強いブランドを一から立ち上げるには時間と費用がかかりすぎる。彼らはブランドを買うことで時間を買ったとも言える。

当時のM&Aはこのような「ブランドを目的とした」買収劇であり、買収された企業は有形資産（工場・土地・現金など）の五倍から一〇倍もの価格で取り引きされた。ブランドに対して、それほどの高価格がつけられたという事実は多くの企業人の関心を呼んだ。目に見えない資産であるブランドに、なぜそれほどのお金を支払わなければならなかったのか？

一つの原因は、米国の消費財メーカーが置かれた当時の状況――販売価格の下落、ブランドの乱立、巨大になりすぎた流通企業のパワー——であった。たとえば、ディスカウンターとして米国で最大の規模をもつウォルマート社は、P&G（プロクター・アンド・ギャンブル）社の総売上の約四割を占めると言われている。このような大きなバーゲニングパワーに対して、メーカーができる数少ない防衛策の一つがブランド価値を高めることだったのである。

それは端的に言って、プレミアム価格を維持することのできるブランド、つまり高い価格でも消費者が熱狂的に買ってくれるような価値のあるブランドをもつことである。このような現象は欧州でも同様に見られた。

3　九〇年代に何が起こったのか

ブランドは「資産」である

このようなブランドを企業の資産とみなして管理しようというブランド・エクィティ概

念は、一九八〇年代末に米国を中心として注目されるようになった。

それでは、なぜブランドに対する関心が九〇年代にさらに高まったのだろうか。先に述べたように消費財企業に対する流通の優位は続いていたが、九〇年代になると、ブランドが本当の意味で必要とされるような事態が米国だけでなく日欧を含めた世界の市場のあちこちに出現した。

その一つは「消費者選択の自由の拡大」である。この時期は、金融サービスに象徴されるように、さまざまな規制によって消費者の自由な選択が阻害されていたような業界において、消費者のブランド選択がより自由になる状況が出現した。

たとえば日本のビール業界では八〇年代から九〇年代にかけて、販売の主流が酒販店から、コンビニエンスストアやディスカウントストアへと変化した。これによって、ビールの中心は瓶《びん》ビールから消費者個人が買う缶ビールへと変化した。これがもたらした象徴的な出来事が、「キリンラガービール」から「アサヒスーパードライ」へのマーケットリーダーの変化だった。ブランド戦略の必要性にいち早く気づいたアサヒが老舗《しにせ》のキリンを追い越したのである。

九〇年代に急速に進んだ市場経済のグローバル化も、ブランド構築への引き金になった。ホテル業界では、グローバルなブランドをもった「ハイアット」や「リッツカールトン」のようなホテルグループが競争上の優位に立つことができた。

パソコンやAV機器に見られるデファクトスタンダード化は、逆に個々の製品を強力にブランド化することを必要とした。ソニーのパソコンVAIOは、その成功例である。インターネット上での強力なブランドの必要性は、Yahoo!がみずから立証している。

さらに九〇年代により鮮明になった企業環境の変化は、企業価値、キャッシュフロー経営などで表されるような株主価値最大化への動きだろう。企業の目的は株主価値を可能な限り高めることにあるとする意識は、八〇年代から九〇年代を通じて世界的企業の共通の認識として定着した。

この流れのなかで、バランスシートに現れないような「オフバランス資産」が注目されるようになった。「フォーチュン」誌による世界ランキングトップ五〇〇社の市場価値の七〇パーセント以上は、特許・知識・顧客関係・ブランドなどの「計上されない」資産からなっているという（テキサス大学・スリバスタバ教授）。ブランド資産の育成は、このような企業価値ベースの経営概念からも注目されるようになったのである。

4　マーケティングの中心テーマに

マーケティング研究を再統合するブランド論

ブランドは、日本人研究者の間でも一九九〇年代に幅広い関心を集めることになった。小川孔輔（法政大学教授）、片平秀貴《ほたか》（東京大学教授）のようなマーケティングサイエンス研究者、関係性マーケティングの視点からの和田充夫（慶応義塾大学大学院教授）、消費者行動研究の青木幸弘（学習院大学教授）、ポストモダン的視点からの石井淳蔵（神戸大学教授）、戦略論的観点からの陶山計介（関西大学教授）、さらに広告論から接近している岸志津江（東京経済大学教授）などが代表的な人々である。

また財務会計・管理会計分野からもブランドに関心を寄せる研究者が出てきた。伊藤邦雄（一橋大学教授）、岡田依里（横浜国立大学助教授）、福田淳児（法政大学助教授）などである。

このようなブランド研究の進展は、マーケティングの原理にとってどのような意味をもっているのだろうか。それは、従来のマーケティング研究を再統合するという意味合いをもっているように思われる。

マーケティング研究は、研究分野の個別化・細分化を招いていた。たとえば消費者行動研究はマーケティングの一分野として発展したが、次第に独自性を主張するようになった。消費者研究は必ずしもマーケティングに属していなくてもよいという考え方である(その結果、米国ではアメリカマーケティング学会という横断的な組織は空洞化している)。またマイケル・ポーターに代表される経営戦略論の研究者は、戦略論さえあれば、マーケティング論は不要ではないかと指摘をした。

このような動きはマーケティング研究にとって、ある種の危機であった――そのような「危機」がマーケティング研究者に必ずしも意識されていなかったとしても。

しかし今日のブランド研究は、マーケティング研究で蓄積されてきた知識を結びつけ、買い手側(消費者研究)と売り手側(マネジメント研究)の両方の視点を統合し、さらに発展する可能性をもっているのである。

第1章 ブランド戦略とは何か

「人々がマクドナルドについて、見て、聞いて、味わい、匂いを嗅ぎ、感じ、そして思うすべてのこと、それがマクドナルド・ブランドです」——マクドナルド社創業役員ポール・シュラージ（一九九八年、筆者のインタビューに答えて）

1　ブランドがマーケティングの中核に

「ブランド」がキーワード

一九九〇年代の中ごろまで、ブランドの重要性に気づいていた日本のマーケターは、外資系企業を除けば、サントリーなど少数の企業にしかいなかった。

筆者も九六年に、ある自動車会社でブランド戦略について話したとき、そこの社員から「ブランドという考え方はシャンプーや食べ物のマーケティングに有効であっても、自動車のような商品にはあてはまらないのではないか？」と聞かれて驚いた経験がある。外資系企業のマーケティングを知る者にとって、ブランドを重視することは当たり前のことだったからだ。

しかし、現在では「ブランド」は日本企業やマーケティングの現場におけるキーワードである。経済・経営ジャーナリズムのなかでは、「ブランド戦略の強化」とか「ブランドパワー」ということばが日常に用いられるようになったし、ブランドをマーケティングの重要課題ととらえることは当然と考えられるようになってきた。企業アナリストの間では、ブランドの強さが企業を評価する場合の一つのモノサシとして用いられることもある。

しかし、このようなブランド概念の普及は一方において、現場に混乱をもたらすことにもなった。それは「ブランドとはいったい何なのか」「ブランド力を強めるように上司から言われたがどうすればよいのか」「ブランドマネジメント室をつくったが何をすればよいのか」……というような疑問である。

それまでブランドに理解も関心もなかったような日本的な企業環境にあって、外資との提携や合併によって外国人のトップから突然、「ブランド管理」という課題を指示されて困るという例も見られるようになった。

2 「ブランド」とは?

ブランドを管理するとは?

「ブランド」とは何かを考えてみよう。たとえば、商品とブランドとはどう違うのか、あるいは「ブランドを管理する」と言うときに、われわれは一体何を管理しようとするのだろうか?

アメリカマーケティング協会の『マーケティング用語辞典』(Dictionary of Marketing Terms 一九九五年)によれば、ブランドとは「ある売り手の商品やサービスが他の売り手のそれと異なると認識させるような名前・用語・デザイン・シンボルやその他の特徴のことである」(同書二七ページ)となっている。一見して、この定義に格別な不満はないように思える。

しかし問題は、マーケティングの立場から「ブランドを管理しよう」と思い立ったときに発生する。この場合に、単に名前やシンボルを管理していればいいのだろうか、あるいはブランド名や広告の良し悪しだけが問題なのだろうか？

ここで、先に説明しておきたいことが二つある。一つは、よく使われる「ブランドイメージ」ということばについてである。

近年、ポストモダンの消費者研究で知られるバーバラ・スターンたちは、マーケティングの文献において「イメージ」という用語が五つもの異なった使い方をされていると指摘している。この指摘のように、「イメージ」ということばは多様な意味を含んでいるので、「ブランドイメージを強化する」という考え方では、あいまいさを避けられない。

また、「ブランドイメージを改良する」という考え方では、商品の「中身」は悪くても「イメージ」さえ操作すれば商品は売れるという安易な考え方に陥りやすい。消費財メーカーのP&Gがブランドという用語を公の場で使うのを避けているのは、そのような危険性を知っているからだ。

もう一つ説明しておきたいのは次のようなことに対してである。昔から、「強いブランドとは優れた企業経営の結果であって、それ自体は管理すべきものではないのではないか」という考え方がある。たしかに日本の長い商取引のなかで、「三越」のような伝統的なブランドがいくつも形成されてきた。

しかし今日では、ブランドは自然に形成されるものではなく、意図的に育てなければならない対象であり、そこにはブランドを効果的効率的に構築するための戦略性が必要なのである。グルメコーヒーの「スターバックス」などに見られるように、今日ではブランドを短期的に育成し活用していくような経営・マーケティングが競争優位をもたらす市場状況が出現している。

ハッキリ言えば、「よい品質の製品を提供していけば自然にブランドは育成される」という考え方自体が修正を迫られているのである。

3 ブランドマネジメントとは?

ブランドについてもっとも混乱しやすいことは、従来のマーケティングマネジメントとブランドマネジメントとはどこが違うのかという疑問である。また少し前に、CI(コーポレート・アイデンティティ)に関心をもった人なら、CIとブランドとはどう異なるのかという疑問をもつかもしれない。

表面から見れば、従来のマーケティングマネジメントとブランドマネジメントとは、やっていることはほとんど違わない。違うのは、それを実行するうえでの「考え方」である。

ブランドマネジメントとは、従来のマーケティングの「組み替え」なのである。つまり、どのような理念・目的意識をもって経営やマーケティングを計画し実行するか、それが異なるのである。

この意味において、ブランドマネジメントという考え方は、経営やマーケティングの流行コンセプトとは決定的に異なっている。

ここでは、ブランドマネジメントを三つの「レベル」に分けて考えてみたい。そうすると、従来のマーケティングとの違いがはっきりするだろう。

レベル1――トレードマークマネジメント

ブランドマネジメントのレベル1は、「トレードマークマネジメント」である。これは企業で従来から行われてきた登録商標管理に関する仕事をイメージしていただければよい。ここではブランドマネジメントにとって基本的な次のような仕事が含まれる。

①登録商標管理　ブランドは商標として登録され、その権利が保護されるが、そのための

手続きを行う仕事。

②ブランドデザイン管理　ブランドとそのデザインを統一して管理する仕事。ソニーやフェデックス、ＩＢＭのような企業ではブランドのロゴとデザインについて厳密な統制を行っている。従来のＣＩはここを問題にしてきた。

③ニセブランド管理　有名ブランドをもっている企業は、常にニセブランドあるいはイミテーション製品の侵害から自社の権利を守らなければならない。ここでの仕事は違法ブランド対策と「ブランドバリアント」と呼ばれるマーケティング的観点からの類似ブランド対策である。

ブランドマネジメントのレベル１は、ブランドパワーを戦略的に行使するための必要条件である。しかしレベル１だけでは、まだ十分条件ではない。

レベル２――ブランド単位のマーケティングマネジメント

多くの日本企業ではマーケティングの管理が製品カテゴリー単位、あるいは流通経路別に行われている。こうしたマーケティング組織のなかで、ブランドは単に製品につけられた名前にすぎず、ブランド単位のマーケティングマネジメントは不在の場合が多い。

ブランド単位でマーケティングマネジメントを行うとは、ブランドごとにＰＬ（利益と損失）を算出し、ブランドがどのように育っていくかを戦略的にプランニングすることを意味している。

日本で古くからブランド単位のマネジメントを行っている企業として日清食品が知られている。ここでは「カップラーメン」担当のブランドマネージャーは、カップラーメンのブランド名を冠した製品ならば、極端にいえば袋メンを発売してもよいことになる。

消費財メーカーのP&Gが一九三〇年代から始めたブランドマネージャー制度は、こうした管理方法の原型になっている。

同社のブランド管理制度では、ブランド名を単位とした組織が組まれて、ブランド単位でマーケティングの意思決定が進められ、マーケティング施策が実行される。そのうえで、ブランド単位でPLが評価される。この制度では、同じ企業のなかのブランド同士が同じ製品市場で闘うことが前提とされているのである。

もともとP&Gがこの制度を考えたのは、当時米国を覆っていた大恐慌の嵐のなかで企業として生き残りを図るために、同じカテゴリーのブランドのポジショニング（位置づけ）をハッキリさせ、お互いに「食い合い」を起こさないような工夫を図ったことから始まっている。このためには、それぞれのブランドがお互いに競争しながらも、ブランドの「個性」を際立《きわだ》たせることが必要であった。

こうした制度は八〇年代に、カテゴリーマネジメント制度へと修正されるが、この制度でもブランド単位でマネジメントを行うことは、依然としてマーケティングの基本となっている。たとえば、日本リーバ社では「ダヴ」という一つのブランドのもとで、洗顔料、スキンケア、ヘアケアという異なった製品カテゴリーにまたがってマーケティングが行われている。

ブランド単位でマーケティングを見ていないマネジメントでは、ブランドを育成することは不可能に近い。このレベル2で目指すブランドのマーケティングとは売り上げの規模や利益の額であり、この限りにおいては、従来のマーケティングの考えに近い。

レベル3——ブランド価値マネジメント

ブランド単位のマーケティングマネジメントの次に来るのが「ブランド価値マネジメント」である。

ブランド価値マネジメントとは、ブランド価値を高めるためのマネジメントで、これが本質的な意味でのブランドマネジメントである。

ここで管理しようとしているのは、顧客のブランドへの知覚である。つまり、いかに顧客がブランドの価値を認め、より高い評価をブランドに対してもってもらうかを考え、企画することがこのマネジメントの役割になる。

問題は、それが製品が売れることとどのように関係するかであるが、結論から言えば、ブランドは本来、売り上げを急に上げたりするようなものではない。つまり、「ブランドが強い」から「そのブランドが売れる」という関係には必ずしもないことになる。

製品がその場で売れるための力から言えば、プロモーションのほうがはるかに実際の販売には貢献するだろう。ブランドが重要なのは、「その場ですぐ売れる」からではなく「売れ続ける環境をつくり出す」からである。

つまりブランドとは、「ブランドロイヤルティ」ということばが象徴しているように、マーケティング活動にとって「製品が売れ続ける」ことを支える仕組みなのである。ブランドがマーケティングにおいて効果を発揮するメカニズムについては第7章で述べることになるが、ブランドは長期にわたって企業の屋台骨を支えるロングセラーをつくり出すのである。

日本企業のマーケティングの一つの特徴は、短いライフサイクルの「ヒット商品」を打ち出し、次から次へと新製品を発売してはスクラップしていく点にある。これに対してブランドマネジメントのレベル3の目指すところは、できるだけ価値のある、プレミアム価格の取れるブランドを創出して、さらに長期的に売れ続けるようなロングセラーブランドを育てていくところにある。

4　ブランドと消費者

消費者にとってのブランドの意味

企業のブランドマネジメントとは別に、消費者の立場からすれば、「ブランドとは、市場で売られているモノやサービスを、買い手である消費者が『特定の主体によって売られているモノやサービスだ』と認識すること」とみることができる。つまり、「消費者の認識のあり方」が消費者にとってのブランドの意味なのだ。

ブランドを、商品につけられた単なる記号や名前と考えるのは正しくない。なぜなら、それらの記号や商品名が買い手にある種の認識を与える場合に、はじめてブランドになるからだ。

たとえば、自動車に「メルセデス」という名前がついているから、その車が「メルセデスベンツ」というブランドに変容するわけではない。道を歩いている人が駐車している車を見て、「あ、メルセデスベンツだ」と認識すること、それがブランドという「事態」なのだ。

車に何の関心ももたず、また知識もない人にとって、駐車している車は邪魔なモノとしか映らないはずである。ブランドとは、消費者（買い手）が商品世界を認識する一つのあり方を指している。

われわれが出会う商品やサービスというものは、ある次元で見れば単なる物質や人の動きのパターンにすぎない。たとえば、売られているセーターは単なる毛糸の塊《かたまり》であるし、ハンバーガーショップの店員は単に愛想のいい女性（男性）にしか見えないだろう。しかし、われわれがそれらを「誰か特定の企業や人が市場において売っているモノやサービスだ」と感知するならば、それらはブランドなのである。

われわれがあるモノやサービスをブランドと認識するやり方は、ブランド名が確認されなくても発生する。ある女性が自分の気に入った美容院を見つけたが、美容院の名前をすぐに思い出せないのはよくあることだ。しかし、そうした場合でも、その女性にとって提供されるサービス内容のあり方が他の美容院とハッキリと区別されているならば、それもブランドの一つのあり方だと言えるだろう。

このようなブランドの規定の仕方は、サービスブランドの場合にいっそう意味がある。サービスブランドの場合、顧客が購入しているのは「ブランド化された経験」であって、喫茶店におけるコーヒーのサービスの仕方であるとか、銀行における行員の接客態度などがこれにあたる。サービスブランドの場合、「パターン化」されたサービスを顧客が認知して、それがブランドを構成することになる。

このことはいわゆる「企業ブランド」についても言える。企業ブランドとは、その企業の過去の行動が消費者に「パターン」として認識されている事態である。つまり、消費者はその企業がこれまでどのような商品・サービスを提供してきたかを「パターン」として記憶している。たとえば、その企業がいつも優れた機能をできるだけ小さなサイズの製品にして発売することを得意としているとしよう。次の新商品についても、そのような期待が消費者に生じるとすれば、それが企業ブランド＝企業の行う行動のパターンということになる。

石井淳蔵氏は『ブランド』(岩波新書　一九九九年) のなかで、「ブランドが価値をもつのはなぜか」という問題を提起して、それは商品の発売当初、商品が評判をもつ過程でブランドが次第に独立して評価されるようになり、ついにはブランドだけが商品存在を離れて一人歩きするダイナミックな過程を描き出している。

この視点を借りて言えば、消費者が（新製品の発売当初、単に特定の商品の名前であった事実から離れて）商品世界を解釈するための「方法」としてブランドというものを使用するようになった結果である、と言うことができるだろう。

このように考えていくと、ブランドを管理することの意味がはっきりしてくる。つまり、われわれがマネジメントしようとするのは、ブランド記号やシンボルそのものではなく、消費者がどのように自社商品のブランドをブランドとして認識してくれているのか、その認識のあり方＝知覚なのである。

ある商品を市場に送り出した後、消費者にその商品を商品としてでなく、ブランドとして認知してもらうこと、つまりその商品の売り手に関する「消費者認知のはたらき」をマネジメントしていくのがマーケティングで言うブランド戦略の課題ととらえることができる。

岸志津江氏は、消費者が青少年期に出会う広告やブランドによって形成される「ブランドスキーマ」概念を提出している（一九九八年）。ブランドスキーマとは、消費者が出会うブランド情報を処理したり、一貫性のあるブランドイメージを形成させる認識のフィルターのようなものである。

このブランドスキーマをいったん形成した消費者は、スキーマに適合しないブランド情報に対して抵抗したり、無視することがある。逆に、スキーマに適合するブランド情報は受け入れやすくなる。消費者がモノやサービスを「ブランド」として認識する背後には、このようなブランドスキーマがはたらいていると考えることができる。

このようなブランドマネジメントの考え方は、単に消費者にブランド商品の購買をうながそうとする「売るための」販売促進活動とはいささか異なっている。われわれはブランドを管理することによって、そのブランドが「購入され続ける」前提条件をつくろうとしているのだ。

消費者の行動的・認知的ロイヤルティをマネジメントすることがマーケティング管理の課題であったとすれば、二一世紀のブランドマーケティングの中心的課題とは、そのブランドの売り手が、商品世界に関するどのような認識を買い手に与えることができるのかにある。ブランドマネジメントの課題は、そこに帰着するのである。

5 ブランド戦略とは何か

短期的売り上げよりもブランド価値を優先する

ブランド戦略を企業戦略のレベルで定義するならば、次のようになるだろう。

「企業戦略レベルのブランド戦略とは、他のマーケティング目標よりも、ブランドの価値を高める目標を優先させてマーケティング活動を計画・実行することである。そしてブランド価値増大の結果として、自己の事業活動をより有利に推し進めようと意図する企業戦略である」

企業は事業を有利に導くために、さまざまな活動を行っている。たとえば、優秀な製品を開発して他社に先駆けたり、あるいは流通に対して影響力を保持することによって優位に立とうとしたりする。

ブランド戦略とは、こうしたいくつかの企業戦略のうちで、特にブランド価値を高めることに力点をおいて、さまざまなマーケティング施策を計画し、実行していく過程のことである。

ソニーの故・盛田昭夫氏が、一九五〇年代のアメリカにトランジスターラジオを売り込みにいったとき、ある時計会社からOEM（相手先ブランドによる販売）ならば一〇万台を買い上げるという提案があった。しかし彼は、売り上げよりも自社ブランドをアメリカ市場で確立することを優先して、その申し出を断ったという。

これは短期的な売り上げ目標よりも自社ブランドの価値増大を選択した企業行動の事例であり、それがすなわちブランド戦略を実行するということの意味なのである。

ブランド戦略の問題点

それでは、ブランド戦略を実行する過程ではどのようなことが行われなければならないだろうか。ここではマーケティングを実行する過程から見たブランド戦略を「ブランド管理」と呼び、次のように定義してみよう。

「ブランド管理とは、ブランドの理念を基準としてマーケティング意思決定を行う過程である」

マーケターは常に何かのマーケティング意思決定を迫られているが、意思決定のときに、ブランドを基準に行うかどうかがブランド管理の意味なのである。たとえば、新製品のパッケージを決めるとき、いくつかのパッケージ案のなかから「店頭で目立つパッケージ」という基準ではなく、「ブランド理念に従った」パッケージ案を選択することがブランド管理である。

ブランドを育てるとは、このような個々の意思決定が長年積み重なって、企業全体の行動基準となった結果である。たとえばソニーブランドは、「ソニーらしく」振る舞うことがソニー社員の行動基準となった結果の所産である。

したがってブランド管理とは、ブランドについて通常のマーケティング管理作業以外のことを特別に行うというわけではない。ブランド管理で行うべきこととは、従来から行われてきたマーケティング戦略を、ブランド理念をベースとして意思決定し、計画を立て、実行していくということにすぎない。

しかし、ブランド管理で注意しなければならないことが二つある。一つは、従来のマーケティング管理を行っていない企業でブランド管理をしようとしても、それはほとんど不可能に近い。たとえば、ブランドを単位としてマーケティング組織を組んでいない場合、つまり商品カテゴリー単位の管理だけでは本当の意味でのブランド管理を実行することはむずかしい。この場合は、ブランド単位のマーケティングマネジメントがまず必要である。

もう一つは、ブランド管理を行うことを選択すると、ほかのマーケティング意思決定を犠牲にしなければならない場合が出てくることである。ブランド管理は短期的な売り上げや利益と衝突する場合が少なくないし、流通管理という考え方とも衝突する。日本的な営業重視のマーケティングにおいては特にそうである。

こうした事態を避ける一つの方法は、マーケティング意思決定がブランド理念に合致しているか、ブランド価値を損なう施策が行われていないかを常にチェックする責任者（通常は「ブランドエクィティ・マネージャー」「ブランドオフィサー」などと呼ばれる）を企業内におき、企業のトップがこの責任者に対して十分な権限を与えることである。ブランド管理を実行するには、ある種のリーダーシップとマーケティング現場との「対話」が必要とされる。

日本でも「ブランドマネジメント室」が設置されている企業は多いが、この権限委譲がともなっていなければブランド管理はむずかしい。

第2章 新しいブランドをつくる

「『固有名詞』は〈環境〉であって、そのなかにとびこみ、それがもたらすあらゆる夢想にどこまでも浸らなければならないものである。と同時に、『固有名詞』は圧縮され香りがこめられている貴重品であって、花のように開かせなければならないものである」——ロラン・バルト『新＝批評的エッセイ』花輪 光訳 みすず書房

1　新ブランド創造の意味

新製品と企業

企業にとって、新製品を市場に投入することは企業が存続するための生命線と言ってもよい。企業が新製品を必要としている理由はいくつかある。

一つは既存製品だけで売り上げや利益を伸ばしていくことが、多くの場合、困難だからである。一つの製品がカバーできる市場は自《おの》ずから限られているし、既存製品が一定のシェアを占めると、それ以上は市場で伸びる余地はなくなってくる。

二番目の理由は、消費者が既存製品に飽きてしまうことにある。新製品が次々に現れては消えていくインスタントラーメンや缶飲料の分野が典型的だが、一部のロングセラーブランドを除けば、消費者はそれまでの製品に飽きて別の新製品に目を向けることが多い。

そのうえ消費者は、新しい製品ほど性能や品質がよいことを経験的に知っている。このために、現在の製品には常になんらかの「新しさ」を必要とする。また既存製品のユーザーは、毎年、年を取り、離れていくことが多い。このことからも、新しいユーザー層を新製品によって取り込むことが必要なのである。

三番目の理由は、競合他社に対して自社製品のシェアを確保するためである。たとえば、ロッテが発売した「キシリトール」は、虫歯予防という新しい効能をもったガムとして成功したが、これはある意味で、ロッテが出している既存のガム製品と「共食い」を起こしかねないものだった。しかし、ロッテがキシリトールを売り出さなかったら、他のメーカーが発売してロッテの市場優位を崩していただろう。

このような理由から、企業は常に新製品を市場に投入しなければならないが、新製品を開発するには二つの発想法があると言われている。一つは「シーズ発想」で、ある新技術がタネ(＝シーズ)となって、そこから新しい製品が発想される。ＴＯＴＯの車用コート剤「ハイドロテクトボディコート」は雨がふれば車の汚れを洗い流す機能をもっているが、これは衛生陶器に使われていた酸化チタンの技術を応用した製品である。

もう一つの発想法は「ニーズ発想」である。消費者のニーズを直接反映する新製品を開発する。Ｐ＆Ｇの消臭剤「ファブリーズ」は、部屋のなかのいやなニオイを消したいという消費者の願いに応《こた》えて成功した製品である。

新ブランドとコミュニケーション発想

しかし、モノではないブランドを新しくつくる場合は、顧客との対話（コミュニケーション）をベースにした「コミュニケーション発想」が求められる。

マーケター側には、新しいブランドの理念を消費者に受けとめてもらいたい、このブランドを通じて顧客にはこんな生活を実現してほしいという、ブランドに込めた「思い」がある。むろんマーケターは、こうした「思い」を消費者にぶつけるだけでなく、顧客の潜在的な願望や需要も汲み取って、それを十分に咀嚼《そしゃく》していることが求められる。

たとえば、「スターバックス」を創業したハワード・シュルツ氏の思いは、「まずいコーヒーを飲んでいるアメリカの消費者にホンモノのおいしいエスプレッソコーヒーを提供すること」だった。彼は実際にスターバックスを成功させて、この「思い」を実現するのだが、スターバックスがその後歩んだ道筋はそれほどまっすぐなものではなかった。

シュルツ氏がスターバックスを創業した米国西海岸は一般的に暑くて、熱いエスプレッソコーヒーを飲むのに適した気候ではない。しかも、健康に敏感なアメリカ人にとって「ホンモノのエスプレッソ」に入れる牛乳はノンファットミルクでなくてはならなかった。つまり、彼が考える「ホンモノ」と「顧客の願望」との間には矛盾することがあったわけだ。

結果としてシュルツ氏は、冷たい「フラペチーノ」コーヒーを新たに開発して、冷たい飲料を望む顧客に対応したし、ノンファットミルクも提供することにした。こういった対応はスターバックスらしさを強化し、そのブランド価値をさらに増大させていった。

このようなプロセスを見ると、新ブランドを実現する道筋は必ずしもマーケターの理念を主張するだけではないし、顧客の声を聞くだけでもない。そこには常に「対話」＝コミュニケーションが必要なのである。それでは、どのようにしてそのコミュニケーションを実現すればいいのだろうか。

2 新ブランドを開発するプロセス

三つの要素と三つのステップ

新ブランドを開発するために、マーケターはどのような要素を開発したらよいのか？

それは、次の三つの要素である（図1）。

一つは「ブランドコンセプト」、あるいは「ポジショニング」である。これは、そのブランドは何か、何を意味しているのかを短く表したステートメントであり、そのブランドらしさをよく表したブランド管理の出発点となるような文書である。

1 ブランドコンセプト（ポジショニング）
・そのブランドは何か
・何を意味しているのか
・そのブランドらしさは何か

2 ブランディング要素
・ネーミング（名前）
・ロゴ（ブランド名のデザイン化）
・サイン（特徴を表すデザイン）
・アイコン（ブランドの視覚的要素）

3 コミュニケーション要素
・広告
・パッケージデザイン
・店頭デザイン
・プロモーション
・各種サービス

図1　新ブランドの開発要素

二つ目は、「ブランディング要素」である。これはブランドがブランドとして成立しているためのネーミング、ロゴ、サイン、アイコンなどで、そのブランドの基本的アイデンティティを視覚的感覚的に表すものである。

三つ目は「コミュニケーション要素」である。広告、パッケージデザイン、店頭デザイン、プロモーション、サービスなど、ブランドをどのようなコミュニケーションのなかで展開していくのかを示すものである。

そして最終的には、これらの三つの要素をつくり出すために、以下の三ステップの開発プロセスが必要とされる。

ステップ1は「ブランドテリトリー」と呼ばれるもので、そのブランドをどこに立てるか、どのような条件があるか、市場の見通しはどうかなどをまとめる作業である。

ステップ2は「ブランドパラメータ」で、そのブランドをどのような市場のなかでどのような位置づけにするか、または市場のなかでどのような消費者グループをターゲットにするかという作業である。最終的には、そのブランドがどのような総合的なデザインに沿って運営されるかを体系的にまとめるのがこのステップである。

最終のステップ3では、開発したブランドの市場性をテストして、成功する見込みが立ったら、開発担当者に橋渡しをして、実際のブランド製品を作製する手続きに入る。

これらのステップをより詳しく説明してみよう（四九ページ図2参照）。

3 ステップ1——ブランドテリトリー

ブランドを立てる市場を決める

新ブランドを開発するとき、最初に必要なのは「どの市場にブランドを立てるのか」を決める作業である。

そのために、①企業としてブランドが必要なカテゴリーはどこにあるのか、②そのための必要な企業資源はあるのか、③ブランドとしてこうしたことをしてはいけない、あるいはこうしたことはすべきだといった開発上の条件、④市場のトレンド、消費者の価値観などを、まず確認・分析する。

そのうえで、テリトリーを決定し、担当者のなかで、あらかじめ合意しておくことが必要である。こうした作業を総称して「ブランドテリトリーの開発」と呼んでみよう。

ブランドテリトリーを確定するには、まず「市場の定義」を行う必要がある。市場の定義とは、新ブランドを扱う市場の範囲を規定することだ。こうした場合、すでに市場のなかに存在している定義を用いる場合が多いが、必ずしもそれに従う必要はないし、むしろ新たに市場の定義を考えたほうが有利な場合もある。

たとえば、シリアル食品（コーンフレークなど）を扱っている企業の場合、ブランドが参入する市場の規定は、必ずしもシリアル食品の市場でなくてもよい。むしろ「朝食市場」であったほうがより適切である。なぜなら日本では、顧客はシリアル食品を朝食に食べるし、競合商品は和食の朝食であったりするからだ。

むろん市場を定義するためには、企業にそれを実現するための「リソース」があるかどうかを確認する必要がある。リソースとは、その市場に参入して成功するための裏付けで、人的なリソース、資本のリソース、情報のリソースなどである。

たとえば、日本リーバはグローバルブランドである「ダヴ」を一九九九年に日本に導入するために一〇年近くの検討期間を要している。これは、石鹸市場という日本ではあまり大きくないカテゴリーに参入すべきかという課題と、参入に際してはサンプリングというお金のかかるプロモーション手段が必要になることがわかっていたからである。

オンワード樫山は日本のアパレルメーカーには珍しく、「i《アイ》CB」という国際ブランドを欧米に投入しているが、これもそれまでに社内で育成した国際取引に長《た》けた人材をもっ

ステップ1　ブランドテリトリー
- ブランドをどの市場に立てるか
- どのような開発条件、制約があるか
- 利用できる自社資源はあるか
- 市場成長の見通し、市場トレンド

⇩

ステップ2　ブランドパラメータ
- ブランドポジショニング
- ブランドプロポジション／サポート
- 機能ベネフィット・情緒ベネフィット
- 理想ターゲット
- ブランドパーソナリティー

⇩

ステップ3　市場テスト
- コンセプトシート化
- 消費者テスト
- 開発担当者との協議

図2　新ブランドの開発ステップ

ていたからである。いくら戦略が正しくても、それを実現できる裏付けがあるかどうかを確認しなければならない。

ここのチェックポイントとしては、新ブランドが企業の「ブランドポートフォリオ」（その企業のもつブランド群が、市場別にどのように配置されているかを図示したもの）で、どのような位置づけになっているかを見ることである。それまでの事業戦略に照らして、どのような戦略的意義をもっているのかを確かめておくことは新ブランド開発に際して知っておくべきことでもある。

ブランドの制限条件を考える

ブランドテリトリーを定めるためには、次に、開発上の条件を考えることが必要となる。条件とは、その企業の技術的あるいは取引上などの理由で、「こうしてはいけない」「このようなことを考えてもらいたい」という開発上の前提となる制限条件のことである。

たとえばシャンプーを開発するとき、どんな種類のシャンプーでもいいのか、どんな流通に流すことを前提とするのか、などを考えておかなくてはいけない。シャンプーでもリンス入りシャンプーのような形態もあれば、液体、粉末などの多様な製品形態が考えられる。流通でもＧＭＳ（総合スーパー）に置くのか、あるいは美容院などの限られたプロフェッショナルな専門流通に流すのでは、ブランド開発の方向性は異なってくる。

市場のトレンドと消費者の価値観を知る

そして、最終的に検討しなくてはならないのは市場のトレンドと消費者の価値観である。ブランドを参入させる市場で一〇年くらいの長期にわたってどのような変化が生じているか、どのような競合商品があり、どんなブランドが存在しているか、シェアはどのように変化してきたか、流通はどのように変化しているかなどを要約し、まとめてみるのである。

この作業によって、新ブランドの開発ではどのようなポイントを考慮しなくてはいけないか、あるいはどのようなことをしてはいけないかが明らかになる。むろん、現在の市場で評価されていないからといって、必ずしも禁止すべきだというわけではない。市場の流れを解釈して、どこに市場の流れがあるかを読み取ることも必要である。

たとえば、苦いものがよいビールとされてきた日本のビール市場の通念に対して、「飲みやすく、喉ごしのよいビール」を発売して成功したのはアサヒビールであった。このトレンドをつかんだのは、広範な味覚テストと「消費者は味がわかる」というマーケターの信念である。これは、それまでのビール業界の常識であった「消費者はビールの味はわからない」に挑戦した結果であった。

また、ブランドテリトリーを設定する際は、消費者の価値観のトレンドに目配りしておく必要もある。長期的に見ると、消費者は特定の商品カテゴリーについて、ある価値観に支配されながらも変化している。たとえば一九九〇年代の日本では、低価格志向とプレミアム価格志向の二極化が見られたが、大きな価値観の変化については常にチェックしておく必要がある。さらに、おおざっぱなターゲット層の規定を行っておくとよい。

このような検討をすると、ブランドテリトリーはいくつかの要素からなるステートメントとして記述できる。たとえば、①消費者の価値観から言って、この価値をベースとする、②このカテゴリーに参入する、このカテゴリーは避ける、③このようなアイテムはつくらない、④このようなターゲットを中心に考える、などである。

4 ステップ2――ブランドパラメータ

「パラメータ」とは、もともと母集団特性値を指し、サンプルとして取られてきた標本から母集団を推定するときに用いられる統計用語である。このステップでは「ブランドパラメータ」という言い方で、そのブランドが何であり、何を顧客に提供し、そのブランドが誰に奉仕するものなのかを明らかにする。

ブランドパラメータの開発は、新ブランド開発のもっとも重要なステップであり、同時に、マーケティングの作業で普通考えられるような「理性的」な作業だけではない。ここで求められるのは、むしろ創造性であり、新しさと差異性に対するセンスである。

ブランドパラメータに組み込まれる「変数」として、①ブランドポジショニング、②ブランドプロポジション、③ブランドプロポジションサポート、④機能ベネフィット・情緒ベネフィット、⑤理想ターゲット、⑥ブランドパーソナリティ、の六つの要素が用いられる。

ブランドポジショニング

ブランドポジショニングの要素は、そのブランドはどのような意味をもっているか、そのブランドは顧客の生活やマインドのなかでどのような位置づけになっているのか、そのブランドは顧客にとって何なのかである。

たとえば、ナイキのブランドポジショニングには「世界中のすべてのアスリートにインスピレーションとイノベーションを与える」と書かれている。
このようなブランドポジショニングに必要な条件は、次の三つである。
①「どのような人にそのブランドは何をしようとしているのか」が、明確に表明されていなければならない。単に「消費者の健康に奉仕します」のようなステートメントは正しいように見えて実は実用性に欠けている。重要なことは、そのステートメントがブランド開発の指針として「使える」ものであるかどうかである。
②他ブランドと明確に区別される独自の内容と形式をもっていなければならない。その中身が他のブランドと取り替えても同じようなものであれば、独自のブランドらしさを発揮することはできない。
③ブランドポジショニングは、そのブランドが顧客に提供する価値であり、それ自体が魅力的なことがらでなくてはならない。たとえば、「ミロ」というネスレ社の子ども向け飲料のブランドポジショニングには「アスピレーション」というキーワードが使われている。このキーワードは、子どもは「大人や年上の人たちのようになりたい」という存在であり、そのような子どもに対してミロは「成長へのあこがれ」を提供することを意味している。単に体が強くなったりスポーツがうまくなることを約束しているわけではない。
ステートメントの書き方に定まったものはない。新しいブランドを必要とする企業の問

題意識にふさわしい形式と内容があればそれでよいだろう。肝心なことは、それが先に述べたブランドポジショニングの三条件を満たしていることである。

ブランドプロポジションとブランドプロポジションサポート

ブランドプロポジションは、ブランドポジショニングを補うステートメントで、そのブランドがどのような特性・特徴をもっているかを、より詳しく記述する。たとえば、ポジショニングが「体と心をうるおす」であったならば、プロポジションでは「A：夏の生活で渇いた喉をさっとうるおす、B：海のようなさわやかな爽快感が持続する」となる。

ブランドプロポジションサポートは、ブランドプロポジションを支える事実で、この例でいえば、「A：他の炭酸系ドリンクよりも強い炭酸配合、B：爽快感が持続するためのX成分配合」などと記述する。

機能ベネフィット・情緒ベネフィット

機能ベネフィットは、実際にそのブランドがもつ物理的化学的作用で、現実に観測・測定できる顧客にとっての効用である。情緒ベネフィットは消費者がそのブランドを用いると感じることができるような気持ちのうえでの効用である。

ここでは必ずしもすべてのベネフィットを書く必要はない。たとえば、「おいしい」というベネフィットは機能ベネフィットにも情緒ベネフィットにも分類することができるが、どちらに入れたほうが意味があるかを判断して入れる。ただし、食品や飲料で「おいしい」「うまい」というようなありふれたベネフィットを入れる場合は、それ相応の条件が必要となる。

理想ターゲット

ここでは、どのような人たちに限ってこのブランドは提供されるのかを明らかにする。通常のマーケティングで問題になるのはリアルターゲットであり、実際そのブランドを買ったり使ったりしている顧客である。

しかし新しいブランドを考える場合は、どんな人たちがそのブランドを使うのかを消費者に想像させる仕組みが必要になる。

たとえば、スターバックスを愛好する二〇代の女性に、なぜスターバックスが好きなのかについて調査すると、「店内で自分が見たくない人たちを見ないでもすむから」という回答があった。つまり、彼女たちはスターバックスに行く人たちの理想像（外資企業のビジネスエリートなど）を思い描いており、それに該当しない人たち（たとえば競馬新聞を読み、タバコを吸う中年男性）は店に来ないので、スターバックスを好んでいたのである。

消費者行動論では古くから「参照集団」という考え方がある。参照集団とは、消費者が行動や考え方のうえで、真似をしたいグループのことである。たとえば米国の金持ちにとって、欧州の貴族は長い間、参照集団としてはたらいてきた。

ここでは、どのような参照集団であれば、顧客が新しいブランドを使ってくれるのかを考えることが重要である。

ブランドパーソナリティ

そのブランドを人にたとえると、どのような人であるかを記述する。

ブランドパーソナリティの考えは、必ずしも日本のマーケターには考えやすい方法ではない。日本人は伝統的に、ブランドを人にたとえるという考え方が欠けているからだ。

消費者行動研究のジェニファー・アーカーは人間の性格には五つの因子があるという考えにもとづいて、次ページ表1のようなブランドパーソナリティを発表した。つまりブランドパーソナリティは、これらの因子の組み合わせによって記述することになる。

松田智恵子氏は、これらの因子に加えて、日本のブランドに見られる性格を説明するために次ページ表2のような「内気因子」を提案した（法政大学大学院修士論文、二〇〇一年）。

能力因子	勤勉さ、信頼できる、 安全、有能、技量、結集力、まじめさ、 リーダー、自信、影響力の大きさ
刺激因子	自由、ユーモア、 流行、刺激的、華やかさ、挑発的、 冷静さ、若さ、快活、外向的、冒険、 ユニークさ、驚き、芸術的、楽しさ、 独自的、現代的、革新的、攻撃的
洗練因子	魅惑的、器量のよさ、思わせぶり、洗練された、 女性らしさ、心地よさ、性的魅力、優しさ
素朴因子	男らしさ、西部開拓時代、活動的、スポーツ、 飾りのなさ、強さ、無駄のなさ
誠実因子	誠実さ、思慮深さ、気づかい、 偽りのなさ、道徳的、 家族志向、田舎、ブルーカラー、典型的なアメリカ人、 本物、正統、永遠の若さ、伝統、昔ながらの、 情の深さ、親しみ、人間的な温かさ、幸せ

表1　ジェニファー・アーカーのブランドパーソナリティ

内気な、恥ずかしがり屋の、おっとりした、 寂しがり屋の、不器用な、のんきな、控えめな、 おっちょこちょい、地味な、おとなしい

表2　松田の「内気因子」

これは日本人に特有な性格類型を加えたもので、たとえば「ヤクルト」「東芝」「ドトールコーヒー」などのブランドは、この性格によって説明することができるという。

5　ステップ3——テストから開発部門へ

コンセプトシートにまとめてテストする

ブランドパラメータがまとまったら、次はそのブランドがどのようなものであるかを「コンセプトシート」にまとめる。コンセプトシートとは、ブランドの全容をわかりやすくイラストと説明文を使ってまとめたものである。

コンセプトシートは、上部にそのブランドを一言で表したヘッドライン、真ん中にブランドのパッケージと使用場面をイラストレーションにまとめたもの、下部にそのブランドについてのより詳しい説明、価格、メーカー名などを記入する。これはいわば簡易な印刷広告のような体裁に近い（六一ページ図3参照）。

コンセプトシートにまとめるのは、一つにはコンセプトの代替案をスタッフで評価するためである。ブランドパラメータだけではなかなか理解しにくい記述が、イラストなどの助けを借りてわかりやすくなる。

もう一つは、コンセプトシートを消費者へのテストに使うためである。つまり、複数のブランドコンセプトのうちで、どれがより魅力的でパワーがあるかを知るためのテスト用紙にもなる。

コンセプトシートを用いた消費者テストは、定性調査によって行われることが多い。グループインタビューの手法がもっとも多く用いられるが、インタビューでは複数のコンセプト案を説明して、どのような印象をもつか、どのコンセプトが好ましいか、どれにもっとも引かれるかを、いくつかのグループにテストする。

こうした作業の結果、複数のコンセプト案から一つが選ばれることになる。

最後に、決定したコンセプトを技術系の開発担当者に示して、新しいブランドを実現する。もちろん開発担当者は、この段階よりも前からブランド開発に加わって、ある程度そのコンセプトの実現性について専門的立場からチェックしておいたほうがよい。

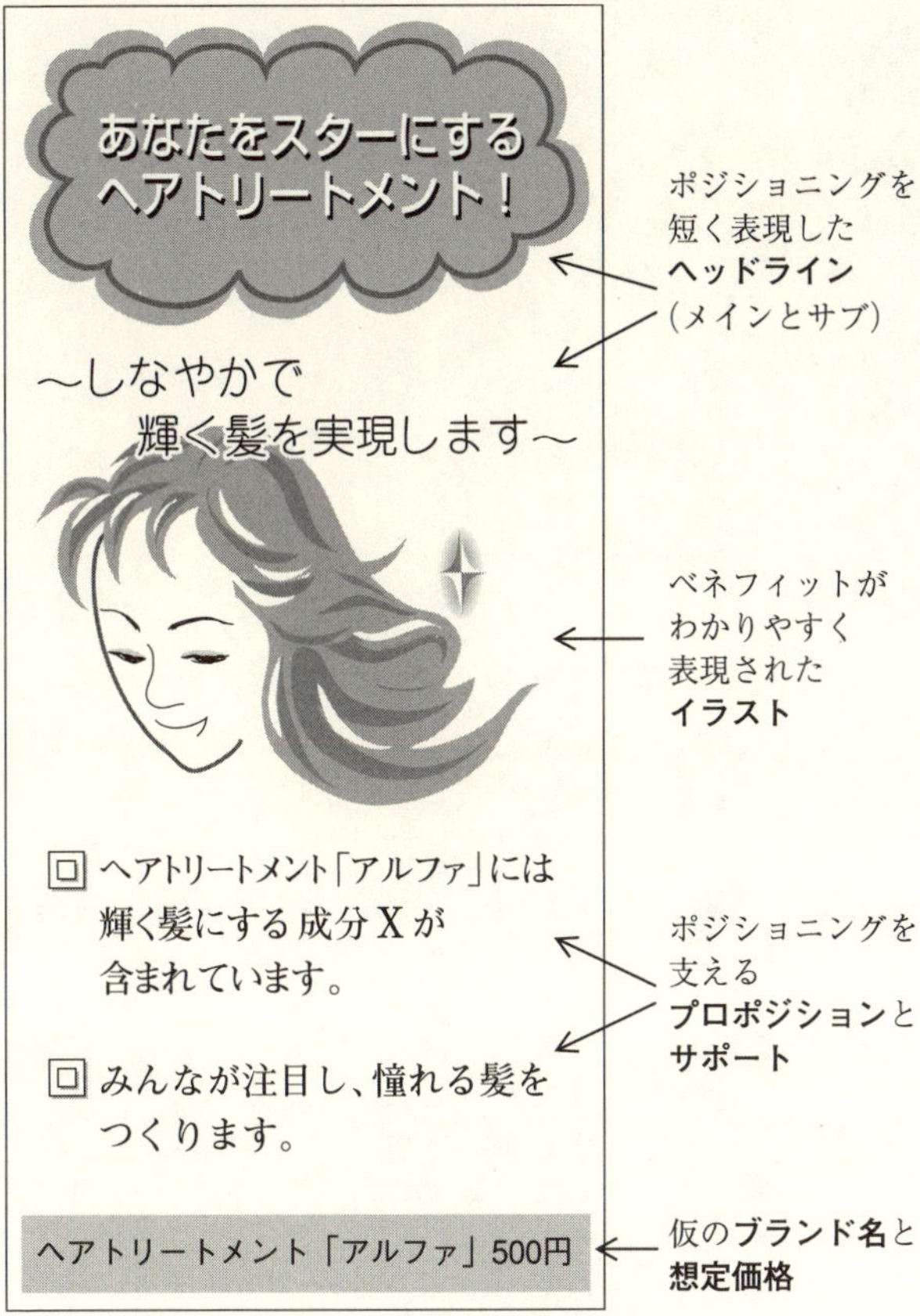
あなたをスターにする
ヘアトリートメント！
〜しなやかで
輝く髪を実現します〜
ヘアトリートメント「アルファ」には
輝く髪にする成分Xが
含まれています。
みんなが注目し、憧れる髪を
つくります。
ヘアトリートメント「アルファ」500円
ポジショニングを
短く表現した
ヘッドライン
(メインとサブ)
ベネフィットが
わかりやすく
表現された
イラスト
ポジショニングを
支える
プロポジションと
サポート
仮のブランド名と
想定価格

図3　コンセプトシートの例

第3章　成熟ブランドを活性化する

『ニベア・ブランドのため』これが答えだった」——花王元会長常盤文克〈バイヤスドルフ社会長ロルフ・クーニッシュ氏が常盤氏の「あなたはだれのために働いているのですか」という質問に答えて〈常盤文克『知と経営』ダイヤモンド社〉

1　成熟ブランドとは何か

企業と成熟ブランド

ブランドマネジメントにおいて、現場のマーケターはブランドの活性化をどのようにすればよいのであろうか。

ある市場において高いシェアをもちながらも、それまでのような高い売り上げ高が望めなくなった「成熟ブランド」は多い。その成熟ブランドが単に市場の必要性に合わなくなっただけならば、市場から退出させればいいのだが、現実の企業は成熟ブランドを簡単には廃棄できない事情をかかえている。

たとえば、成熟ブランドがその企業が創立された当時からのブランドで、企業の象徴ともいえる役割を果たしている場合である。この場合は、その成熟ブランドは、いわば企業の「原点」と考えられているので簡単には捨て去ることができない。

しかも経営的な観点からすれば、成熟ブランドの活性化は重要である。多くの成熟ブランドは、その企業に対して大きな売り上げをもたらしており、企業全体の製品ポートフォリオのなかで重要な位置を占めている。このため、成熟ブランドの衰退は売り上げの停滞や利益の低下という以上に、企業のマーケティング活動全体に停滞をもたらす恐れがある。つまり、成熟ブランドの活性化は、企業が次の成長段階へ進むための「踏み石」だとも言えるのである。

ブランドが「成熟」すると、どのような現象が起こるか

ところで、なぜブランドは「成熟」するのだろうか。一つの理由は、そのブランドが適合していた特定の市場を開拓しつくしてしまった場合である。たとえば、限られた人たちにのみ熱狂的に支持されるようなテイストをもったファッションブランドは、そのテイストを愛好する人々にひとわたり行き渡ってしまえば、それから先の大きな成長はさほど望めないだろう。

ブランドが成熟するもう一つ別の理由は、新規ユーザーを誘う力が弱まってきてしまう場合である。つまり、新規ユーザーの流入数が不足すれば、現ユーザーが減少するのをカバーすることはできない。若者に支持されていたブランドが中年向けのブランドと認識されるようになると、若年層の流入は少なくなってしまう。

また、成熟ブランドという現象は、市場全体が縮小するときにも起こる。同じシェアであっても、市場そのものが縮んでしまうのだから、そのブランドの売り上げは当然下降する。市場そのものが消え去ろうというときに、一つのブランドができることは限られている。

そして、ブランドが成熟する結果、図4のような現象が観察される。

この図のような現象が観察されるときに、どのような考え方で成熟ブランドに対処すればいいのだろうか。

成熟ブランドの活性化は長期的視点で

成熟ブランドの活性化は消費財マーケターにとって、いっそう重要な課題となりつつある。

ブランドが成熟すると、マーケティング担当者でなく、営業担当者から「われわれのほうが市場をよく知っている」という声が上がり、即効性のあるプロモーションを求める声が高まることがある。

しかしマーケターとして考えなければならないことは、一時的なカンフル剤ではなく、

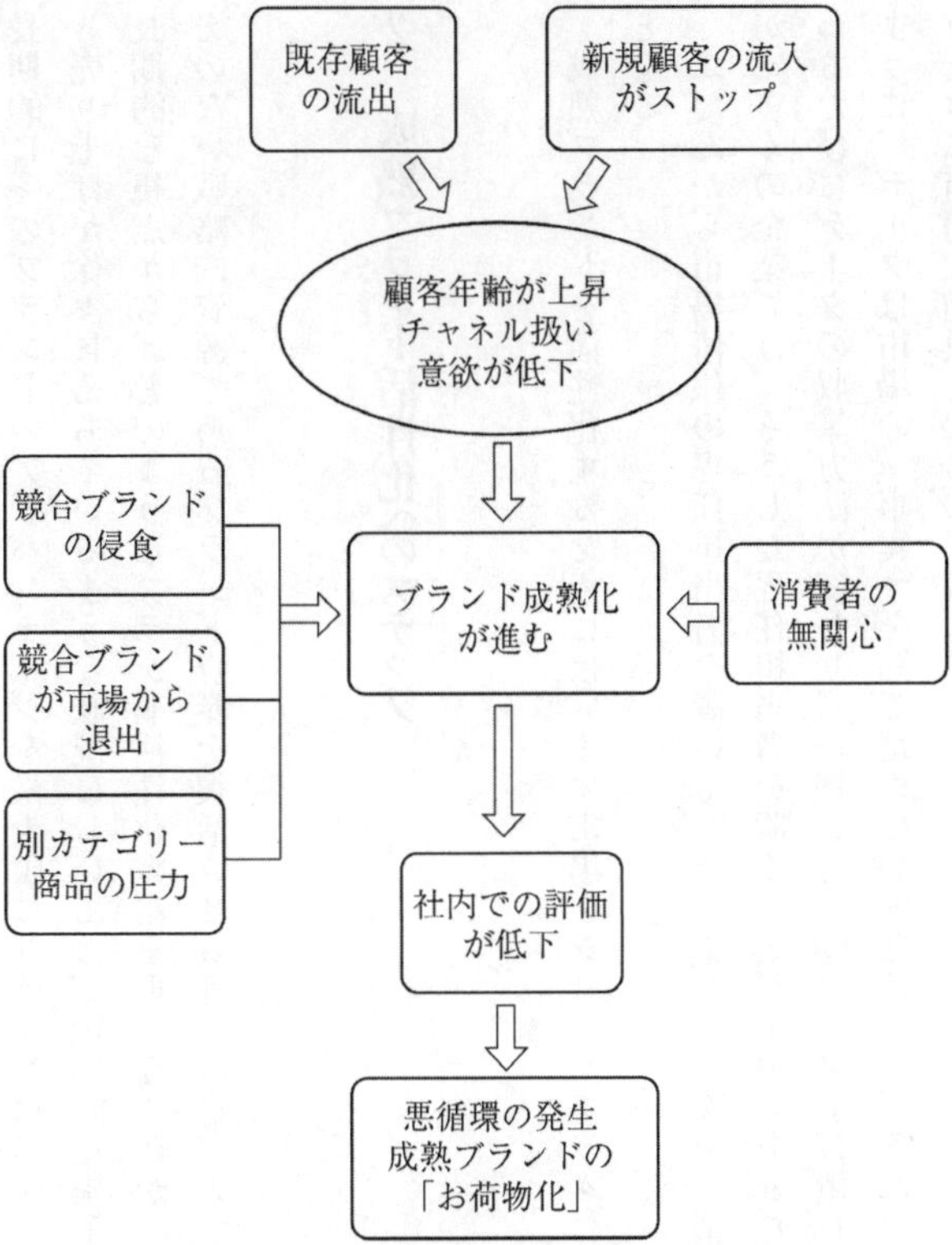

図4　ブランド成熟化のプロセスとその結果

長期的にそのブランドのアドバンテージを最大限に伸ばす戦略の採択である。

売り上げが徐々に落ちているような状況においては、短期的な施策が必要である一方、長期的な視点から、どのようなブランド活性化戦略を取りうるかが、企業にとってかけがえのない戦略的資源であるブランド資産を復活させる唯一の道なのである。

2 成熟ブランド活性化へのステップ

成熟ブランドを活性化するためには、まず市場をシステマチックに診断することが必要となる。

ふだんから市場情報の専任担当者を置いてさまざまなデータを蓄積している企業もあるが、多くの企業では、そうした専任担当者を置くことが困難であるために、異動で人が替わるたびにデータの収集方法が変わり、一貫した市場データを蓄積していない。後述するように、データは市場の「事実」を知るために必要なのだが、それ以上に社内の説得を行うときに有力な道具となるのである。

ステップ1	**ブランド診断ステージ** 市場の規定、市場サイズ・顧客構成の変化、流通分析、競合分析、価格コスト分析、将来性分析、ポジショニング分析、成熟ブランドのタイプ判断、市場の判定
⇩	
ステップ2	**課題発見ステージ** 課題の発見、課題の優先順位づけ
⇩	
ステップ3	**戦略立案ステージ** 成熟ブランド活性化マトリクス（P.82　図7参照）による戦略代替案立案
⇩	
ステップ4	**戦略実行ステージ** 戦略実行のために必要なリソースの調達、戦略実行、フォローアップ

図5　成熟ブランド活性化へのステップ

市場調査データの整備だけでなく、その企業内部での「公式データ」が何であるのかを社内であらかじめ用意しておくことも必要である。ある有力な消費財企業では、マーケティング担当者と営業とが異なったデータを参照していたため、議論が混乱してしまうということがあった。まず市場のファクトが何であるのかについて、社内で共通の基盤をつくり上げることは必要な前提条件である。

前ページ図5に示したステップにしたがって、成熟ブランドの活性化を考えてみよう。

(1)ステップ1：成熟ブランドに必要な分析

市場の規定

まず自社ブランドは、どの市場でマーケティング活動を行おうとしているのかを再検討する必要がある。つまり、それまで自社ブランドがポジショニングしていた市場の規定は正しかったのかを疑ってみるのである。市場の規定の判定は、次の二つの基準による。

①自社商品の優位性が市場と合致しているかどうか。

②そのブランドの置かれた市場のあり方が、核となる顧客（コアカスタマー）の必要性と本当に合致しているかどうか。

たとえば、「コンタック600」という市販薬は、販売当初、鼻炎剤の認可しか得ていなかった。しかし、鼻炎薬市場よりは、市場サイズのはるかに大きい風邪薬市場でコンタック600を売ったほうがマーケティングの効率は高い。

そこで、コミュニケーションのうえだけでコンタック600のポジショニングを変えて風邪薬市場で大きな成功を収めた。それが「かかったかな？　と思ったらコンタック600」というテレビCMである。

また、缶コーヒーの「BOSS」（サントリー）は、缶コーヒーのコアカスタマーの商品に対する「関係」を詳細に調べて、それまでのレギュラーコーヒーの「関係」とは異なることを見出した。つまり、缶コーヒーはコアカスタマーにとっては「パートナー」のような存在であるという発見である。

市場サイズと顧客構成の変化

市場の大きさがどのように変化しているかを把握することは基本的なことだが、特に既存顧客と新規顧客とのそれぞれの特徴をとらえることが必要になる。

ウィンタースポーツでは、近年はスノーボードファンの増加が著しい。スキーメーカーがマーケティング戦略を立案するときに、従来からのスキーファンとスノーボードファンとはまったく異なる特性をもっているために、それぞれ異なったマーケティングを展開する必要があった。

また、既存顧客のなかでもヘビーユーザーの動向を把握することは重要である。知らない間にコアユーザーが流出していたということになりかねないからである。

流通分析

どのチャネル（流通経路）でどのような売れ方をしているかを把握し、分析する。ここで重要なことは、将来的に重要なチャネルでどのようなパフォーマンスを示しているかということである。

ここでの問題は、伸びると見られているチャネルは多くの場合、取引条件が厳しいことである。また、既存チャネルからの反発も予想される。しかし、チャネル政策をこれまでの「しがらみ」だけで見ていると、長期的にはブランドにとって破滅的な影響をもたらすことが多い。

競合分析

自社ブランドが顧客の観点から見て、どのような製品カテゴリーと競合しているかは重大な問題である。たとえば、都市部に住む人にとって車を買うことと、海外旅行に行くことが、出費のうえでは「競合関係」にあることがある。また、花王から出ている「サニーナ」のような「おしりまわり」商品の場合は、競合する商品群はＴＯＴＯの「ウォシュレット」、または痔の薬であったりする。

価格分析

デフレ経済下では、価格要因をどのように考えるかが重要な課題となりつつある。検討すべき課題として、販売単位での価格設定（セット価格など）、容量・サイズの組み合わせが適正であるか、価格ゾーンの設定などをあげることができる。

将来性予測

成熟ブランドの戦略を考える際に問題となるのは、その成熟ブランドの将来性である。社内で、そのブランドの将来性があまりないと受けとめられている場合、そのブランドへの投資は当然、少なくしか配分されない。ブランド担当者は、そのブランドの将来性を判断して、仮に将来性が見込めると判断した場合は、社内を説得しなければならない。そのために、説得力のある将来性の予測を行うことが求められる。

ポジショニング分析

現在、そのブランドが置かれているポジショニングを再分析して、将来的にどのようなポジショニングに移行しなければならないかを考える。この場合、顧客がそれぞれのブランドをどうとらえているかをもとにポジショニングを考えることが必要であって、売り手側と顧客との間にズレがないかを常に考えなければならない。

成熟市場の分析

そのブランドの置かれた成熟市場を診断して、そのブランドはどのような市場を選択すべきかを考える。注意しなければならないのは、優れたブランドであるほど、製品カテゴリーとは関係ないポジショニングを取ることが可能であるということである。

優れたブランドには、知名度が高いというだけではない意味がある。パイオニアから出ている「カロッツェリア」はカーオーディオのブランドだが、ある種の「ライフスタイルブランド」でもあるために、カーナビゲーションのブランドとしても使えるのである。

成熟市場の四つのタイプ

以下に、四つの成熟市場のタイプをあげて、それぞれにどのような対応が可能かを考えてみよう（七七ページ図6参照）。

①長期衰退型市場　市場全体が長期的に少しずつ縮小している市場である。これには二つの原因がある。一つは、需要がより付加価値の高い代替品に置き換わっていく場合である。

たとえば、醬油市場は長期的に小さくなっている市場であるが、この場合、需要は「焼き肉のたれ」のようなより付加価値が高く、利便性が高い製品に置き換わっていると考えられる。このような場合、戦略の中心は、現在もっているブランド力を新しい製品分野に、いかにして対応できるようにするかである。

もう一つは湯たんぽのように、消費生活の根本的変化によって衰退していく製品の場合である。このような場合、退出を選択しないとすれば、市場に残っている顧客層を発見して、そこにいかにして集中的に資本を投下できるかを考えなければならない。

②未来閉塞型市場　テクノロジーの発達によって新たな代替品が出現したため、将来的に見通しがなくなった市場である。レコード針やワープロ市場がこれにあたる。この場合は先の長期衰退型市場と異なり、急激に市場が消滅していく可能性が高い。

このような場合、退出しか方法がないわけであるが、製品カテゴリーに密着したブランドではなくて、他の分野に拡張できるブランドを育成しておくことが求められる。たとえば、かつてオーディオ市場のリーダーであった「ナガオカのレコード針」というブランドはレコード針にしか適用しにくいが、仮にオーディオライフ全般を表すブランドとして育成していたならば、別のサバイバル戦略が取れたかもしれない。

③ピークアウト型市場　成長し続けてきた市場がピークを迎えて、ダウン傾向を示す場合である。市場はピークを超えつつあるが、需要はまだ根強くある。

このような場合、市場の先行きをどのように判断するかが重要である。一時的な市場の変調なのか、あるいは長期的な市場の減退のサインなのかである。かつて、ケロッグなど数社しか参入していなかったシリアル食品市場に一九八〇年代にネスレなどが参入しようとしたことがある。このときは、一時的に市場は活性化したものの、再びシリアル食品市場は縮小してしまった。このように、需要が本格的に成長する見込みがあるかどうかを判定しなければならない。

④波形型市場　市場の需要はピークに達してしまっているが、一定の需要は存在し続ける場合である。景気の状態と技術革新によって市場が拡大縮小を連続して起こし、市場規模は波形を示す。自動車、半導体などの市場がその典型である。

市場の拡大局面においては、競合する企業が特定の市場に集中して、結局、どの企業

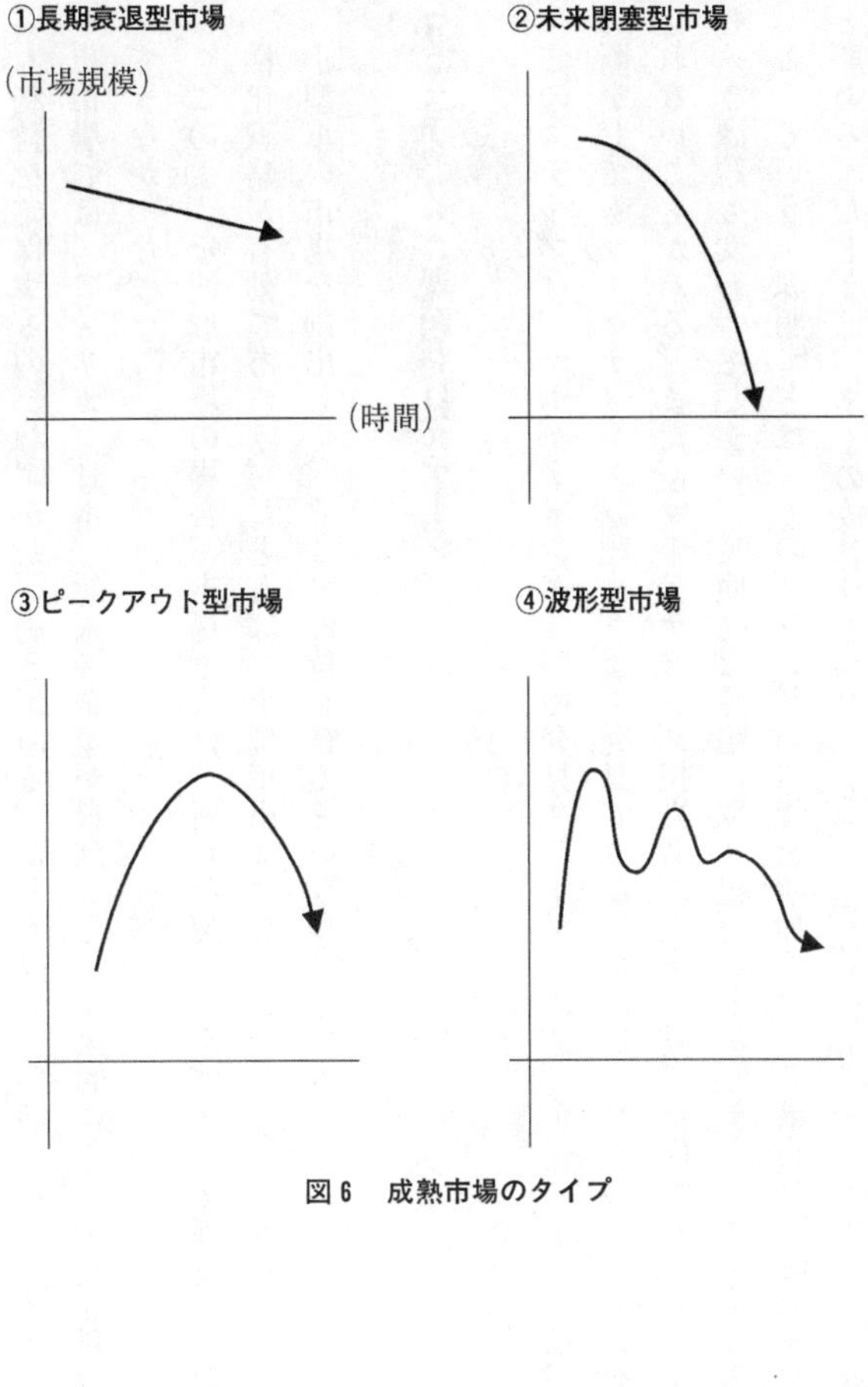
①長期衰退型市場
②未来閉塞型市場
(市場規模)
(時間)
③ピークアウト型市場
④波形型市場

図6　成熟市場のタイプ

も利益を確保するのがむずかしい場合がある。たとえば、二〇〇一年のアメリカの小型車市場では、アメリカ、日本、韓国の企業が殺到して、結果的にどの企業も利益を確保できなかった。

このような波形市場の場合、市場を広げ、新たな製品カテゴリーを創造するような多様化戦略が有効であろう。たとえば、小型車市場にRV（レクリエーションヴィークル）の小型車の市場を創出して、そこで優位を得るという戦略である。

(2)ステップ2：課題発見ステージ

このステップは、マーケティング課題の発見ステージである。企業によっては、市場の診断をしてもマーケティング課題をうまく発見できないために、社内のコンセンサスが得られないことがある。また、マーケティング担当者が人事異動で交代するごとに、取り組むべき課題も変わってしまい、長期的な課題に取り組むことができないケースも多い。

ここでいう「課題」とは、そのブランドの消費を増加させる効果的な解決ポイントのことである。たとえば、多くの成熟ブランドにとって「若者対策」「ユーザーの若返り」は典型的な解決課題である。ブランドが長く市場に存在すればするほど、購買者やユーザーの年齢は上がってくることが多い。

このような傾向は自然なことだが、問題は「若者」をどのように具体的にとらえるかである。たとえば、ティーンエージャーを「若者」とするのか、それとも二五歳未満の人々を「若者」とみなすかによってマーケティングの方向性は異なってくる。また、どのようなライフスタイルをもっている若者か、性・年齢・職業などのデモグラフィック区分にもとづいた若者に焦点を合わせなければならないのか、このような点についても社内のコンセンサスが必要になる。

ちなみに、「若者」の獲得はマーケティングにとって重要と考えられがちだが、実際には若者の支持を得ることが常に得策であるとは限らない。それまでに築いたブランド資産を再検討して、どのように活《い》かしたら若者の支持を得られるかを考えなければならないのだが、ブランド資産を投げ捨てることは多くのマーケティング費用を無駄にし、新たな費用を発生させることになるからだ。

たとえば、バーバリーというファッションブランドは一九九六年に日本市場に限って「バーバリー・ブルーレーベル」を立ち上げて、二〇代の女性の支持を獲得することに成功した。それまで、日本のバーバリーの中心的顧客は五〇代であったという。バーバリーはさらに九八年に、年齢がやや高い層に向けて「ブラックレーベル」を投入した。その結果、それまでバーバリーにほとんど見られなかった二〇代と三〇代の顧客が全体の三割程度を占めるようになったという（日経流通新聞　二〇〇一年八月一四日付）。

一方、トヨタ自動車も長年、「カローラ」の顧客の高年齢化が問題であった。九〇年代の後半には、カローラの中心的な顧客は平均五〇代から六〇代になってしまっていた。しかしトヨタ自動車は二〇〇〇年のモデルチェンジから、無理にブランドを若返らせることを止めて、新しいライフスタイルを求める中年層に訴えて成功した。

これらのことから考えられることは、成熟ブランドの課題設定は、それまで培《つちか》ったブランド資産をどの程度利用できるかにかかっていると言えるだろう。つまり、課題設定のために、ブランド資産をどのくらい活用できる見込みがあるかを検討しておくのである。

（3）ステップ3：戦略立案ステージ

ブランド論で主導的立場にあるデビッド・アーカー教授は、ブランド活性化には①Back-to-the-Basic（基本に返れ）戦略と、②Silver Bullet（銀の弾丸）戦略の二つがあると講演で語っている。

①は、そのブランドがもつ資産の基本要素をもう一度検討して、それらをよみがえらせ

る戦略である。先に述べたトヨタ・カローラの二〇〇〇年の復活は、この好例であろう。

②は、ソニーの「ウォークマン」のように、革新的な商品（サブ・ブランド）を生み出すことによって、親ブランド（この場合は、「ソニー」のブランド）を活性化させる戦略である。

ここでは、もう少し詳しく、そのブランドがもつ顧客層とベネフィット（効用）を検討したうえで、戦略立案に役立つマトリックスを紹介したい。

既存ブランドは、これまで培ってきた顧客層をかかえている。一方において、これまで手つかずだった新規顧客層がある。

また、ブランドそのものについて着目すると、そのブランドの顧客がこれまでそのブランドに感じてきたベネフィットがある。さらに、これまでそのブランドがもっていなかった、あるいはそのブランド固有のものとは考えられてこなかった新しいベネフィット領域がある。ここではベネフィットを、既存ベネフィットと新規ベネフィットに分けて考えてみる。

このような考え方にもとづいて、次ページ図7のような戦略マトリックスが考案された。

A　既存市場対応戦略

そのブランドを支持してきた現在のユーザーに対して、既存のベネフィットを用いながら活性化を図る戦略である。ここでは以下のような四つの方向性が考えられる。

	既存ベネフィット	新規ベネフィット
ターゲット既存	**A　既存市場対応戦略**	**B　既存ユーザー活性化戦略**
ターゲット新規	**C　新規ターゲット獲得戦略**	**D　新市場開拓戦略**

図7　成熟ブランド活性化マトリックス

①従来価値の再強化戦略　ライオンの歯磨き剤「クリニカ」はもともとプラーク（歯垢）を除去するユニークな特性をもっていた。売り上げの伸びが思わしくない時期に、新たに「PCクリニカ」という名称でブランドをリニューアルした。同時に広告では「プラークコントロール」という、クリニカがもっていたベネフィットをあらためて強調し、ライフスタイルとして提案した。これは、Back-to-the-Basicに相当する戦略である。

②重視されてこなかった価値の再認識　天然の炭酸水を用いたミネラルウォーターの「ペリエ」は独特の泡（バブル）の大きさについて、それを強調する広告を行い、ブランド強化を図った。

③使用量・信用頻度の増大　従来のユーザーに対して使用回数をより多くさせる、あるいは、より使用頻度を増大させる行動を行ってもらう。ある調味料は、ふたの穴をそれまでより大きくして使用量を増大させたという逸話が語られている。

④ヘビーユーザーの活性化　ヘビーユーザーは、いくつかの商品カテゴリーにおいて重要

な役割を果たしている。「二〇対八〇の法則」と呼ばれるものがあるが、これは二〇パーセントのヘビーユーザーが全消費量の八〇パーセントを支えているような場合である。

こうしたときは、ヘビーユーザーが求めるであろうベネフィットをあらためて強化する必要がある。たとえば、ヘビーユーザーが求めるような大容量のパッケージを販売するとか、より低価格なアイテムを発売する、などである。

B 既存ユーザー活性化戦略

これは既存のユーザー層に対して新しいブランドベネフィットを提供し、購買や使用をより活性化しようとする戦略である。

①新しい価値の提案　既存ユーザーは、そのブランドのベネフィットが何であるかをよく知っている。だからこそ、新しい大きなベネフィットを加えれば、よりロイヤルティが高まることが考えられる。

ロッテの「キシリトール」ガムは、口内の虫歯菌の活動をおさえるはたらきをもつキシリトールという成分を配合して大成功をおさめた。虫歯予防という、それまでのガムにはなかったベネフィットをもったガムである。近年、ロッテはキシリトールガムに歯のカルシウム分を補う成分を配合し、もとのベネフィットを強化するアイテムを出した。これは、それまでのユーザーにさらに新しい価値を提案したものと考えられる。
②新しい用途の提案　グリコは、もともと子ども用のチョコレートである「ポッキー」を、大人の「お酒の友」としてポジショニングした広告を行ったことがある。ウィスキーを飲むときのマドラー用として、また酒のつまみ用としてのポッキーを提案したのである。
③既存ユーザーの革新行動への着目　既存ユーザーが実際の使用に際して、どのような行動をとっているかを観察などを通して発見することで重要なヒントが見つかることがある。既存ユーザーは、マーケターの意図したこととは異なる意外な消費行動をとっていることがあるからだ。
たとえば、「味ぽん」はミツカンのロングセラーブランドであるが、もともと鍋用調味料として発売されたものだったので、夏になると需要が落ち込むという問題に悩まされていた。しかし、愛媛県など西日本のいくつかの地域では夏期でも需要が落ちないことが明らかになった。この地域では味ぽんを鍋以外のメニュー（野菜、漬け物、肉類など）の味つけに使っていたのである。ミツカンは、これに着目して「汎用使用」と名付けて、それを全国展開する広告を行った。その結果、味ぽんは通年商品となることができたのである。

またサントリーは、千葉県のあるスナックでブランデーが異常に消費されているのを発見して、そのスナックをつぶさに観察し、ブランデー消費量を推進するためのヒントを得たといわれている。このように「異常な使用」をする顧客を観察して、それをマーケティングに応用することも有効な考え方である。

C　新規ターゲット獲得戦略

これは新しいターゲット層に対して既存ベネフィットで対応し、新規ユーザーを獲得する戦略である。

①知らないベネフィットの伝達　新しいターゲット層は、そのブランドのベネフィットを理解していないので、それを伝達する。たとえば、JRAは公営ギャンブルの楽しさを若者に伝達する戦略をとっている。

②ライトユーザーのヘビー化　そのブランドを何ヵ月かに一回しか使わないライトユーザーをヘビーユーザーに変える戦略である。たとえば、マクドナルドはふだんは来店しないサラリーマンに対して、朝食を出すことによって来店回数を増加させた。

③競争相手のテイスト利用　嗜好品のような商品で、競合相手の優位性を利用することによって、自社のブランドを活性化する方法である。たとえば、あるビール会社の発泡酒は競合するビールと同じ味にしたといわれている。また、ある輸入タバコのブランドは、や

はりトップクラスの競合ブランドの味と同じようにしてあるという。

これらは自社にとって新規のユーザーを、競合ブランドの特性を取り入れることで、自社ユーザー化しようとする戦略だと言えるだろう。

④未開拓ユーザー層へのアタック　携帯電話は若い層から浸透していったが、高年齢層に対して携帯電話の使いやすさを訴えたのがNTTドコモである。高年齢者には携帯電話の使い方が難しい点があるが、使い方をテレビ広告でわかりやすく訴えたのである。

この戦略の古典的事例は、ジョンソン・エンド・ジョンソン社の「ベビーオイル」である。もともと刺激が少ない幼児用のブランドであったが、マイルドで肌にやさしいという特性を活《い》かして若い女性層にポジショニングし直して成功した。

⑤大量ユーザーの開発　一般消費財を大口の業務用として使用してもらうような戦略である。たとえば、食品を学校や官庁、レストラン、ファーストフードなどの市場用に転用することが考えられる。

D　新市場開拓戦略

これは新しいターゲット層に対して、そのブランドがもっていなかった新しいベネフィットを付け加える戦略である。

①新ベネフィットの追加　これまでそのブランドがもっていたベネフィットの延長線上に新しいベネフィットを積極的に追加する。ある生命保険会社は、高年齢者でも加入でき、また高年齢者が必要とする保障をそなえた商品を発売した。

また、カルピスはスポーツ選手を取り上げて、トレーニングで身体を酷使した後の回復にカルピスが有効であることを広告でうたったことがある。これは従来、必ずしもターゲットとは考えられていなかった層に対して、新しいベネフィットを提供しようとした事例といえるだろう。

②ノンユーザーのユーザー化　ある商品カテゴリーのユーザーでなかった層の人たちを新たにユーザー化するのは、いわば市場における「最後のフロンティア」開拓と言える。アルコール飲料業界にとって、アルコールを受け付けない体質の人たちは顧客となりにくかった。しかし、酒を飲めない人でも酒を楽しみたいという欲求はもっている。サントリーの「カクテルバー」は、そのような酒を飲めない人々から支持を得た結果、大きなヒット商品になった。

本来の酒飲みからすれば、カクテルバーのような瓶詰め商品はカクテルではありえないが、ノンアルコールユーザーには、ライトタイプのアルコール飲料は気軽に楽しむことができるブランドとしてアピールしたのである。

サラダドレッシングの「ピエトロ」はスーパーマーケットで特製の陳列棚を使いながら、それまでのドレッシングよりも高い価格帯で売られている。ピエトロの特徴は酸っぱくなく、うまみを多く含んでいる点にあるが、これはピエトロの社長が酸っぱいものが苦手であったことから開発された商品である。

先に紹介したロッテの「キシリトール」も、それまでガムをかまなかったユーザーに対して、虫歯予防という新しい魅力的なベネフィットを加えて、ガムをかむことを教えた画期的な製品であった。

③パストユーザーのカムバック　「パストユーザー」とは過去にそのブランドのユーザーであったが、離れてしまった消費者のことである。一九八〇年代にミノルタが発売した「α-7000」という自動焦点の一眼レフカメラは、それまでどちらかと言えば一眼レフではマイナーな存在だったミノルタを一躍有名にした商品であった。

α-7000のヒットは、写真好きだったが老眼になってカメラから離れていった中年の人々によって支持された結果だが、これはミノルタが当初意図したカメラマニアの層とは異なっていた。このようにマーケターの意図とは異なったパストユーザー層のなかに、新しいベネフィットを歓迎する人々が存在する場合もある。

④「無視された」ターゲット層の発見　成功の見込みがないとあきらめられていた市場

や、誰も目を向けなかった市場というものがある。そのような市場に目を向けて成功したのはスポーツシューズの「ナイキ」である。

六〇年代にビジネススクールで学んだフィル・ナイト氏は、安くて高性能のスポーツシューズの開発を考えた。実際、彼は日本のオニツカ社（現アシックス）に発注して、そのようなシューズを開発することに成功した。

ナイト氏は、この高性能のスポーツシューズをもっとも必要としているトップアスリートに売り込み、彼らの要求に応えようとした。これは、アディダスなど他のシューズメーカーが行おうとしなかったことで、「トリクルダウン・マーケティング」と呼ばれている。その商品ユーザーのトップクラスにアタックして、そこから他の層に浸透することを狙った戦略である。

通常のマーケティングでは、効率のよい一般のマス層を狙うことが多い。ところがナイト氏のブランド「ナイキ」は、わずかしかいないトップ層を狙うことによって、市場全体に浸透することに成功したのである。

(4)ステップ4：戦略実行とフォローアップステージ

成熟ブランド活性化の最終ステップでは、実際に立案した戦略を実行可能な状態にもっていくこと、意図した戦略を実行すること、さらに戦略を実行した後で、その効果が意図したとおりのものであったかどうかをチェックする。

ここでもっとも重要なことは、マーケティングスタッフで検討した戦略について、社内で理解と支持を得ることである。そして、戦略実行に向けて十分な社内のリソース（人、資本、情報など）を獲得することである。

また、戦略実行後にフォローアップ調査を行って、当初意図した効果が得られたかどうかについて検証することが必要である。

第4章 企業ブランドのマネジメント

「かつて、ソニーは製品の卓越を意味した。未来において、われわれがネットワーク時代に繁栄しようと思うなら、別なもの、例えば安全、プライバシー、信頼を意味しなければならないだろう。……もしわれわれが製品の優秀さにしがみついていたら、ライカのような会社になってしまう危険を冒すことになる」――ソニー会長出井伸之(ジョン・ネイスン『ソニー ドリーム・キッズの伝説』山崎 淳訳 文春文庫)

1　日本の企業ブランドの逆説

企業ブランドと企業名

企業ブランド（コーポレート・ブランド）の問題は、ことに日本でよく議論されることの多いブランド問題の一つである。

「ウチの企業ブランドを強くするにはどうしたらいいのですか？」「企業ブランドをどのようにマーケティングに活用したらいいのでしょうか？」「企業ブランドを強くした良い事例はありませんか？」などは、よく質問される問題でもある。

第1章で述べたように、このような質問に対しての答えは一つしかない。それは「ブランド中心の経営やマーケティングに変えることが企業ブランドを強くする唯一の道だ」ということである。つまり、ブランドを意思決定の基準としてマーケティングや経営を行う企業になることである。しかし、このような答えだけでは多くのマーケターは納得してくれないだろう。

なぜ日本では企業ブランドが問題になるのかをまず考えてみよう。その前提として、企業ブランドについて簡単に整理してみよう。

企業ブランドとは、「その企業のブランド階層における最高の地位にあるブランド」と考えればよい。企業名がすなわち企業ブランドであるわけではない。

たとえば、ＩＢＭの正式企業名は「インターナショナル・ビジネス・マシーン」であるが、そのような呼称を知る人は限られているし、ＩＢＭにとっては「ＩＢＭ」というブランドがすべてなのである。「カシオ」の正式社名は現在も「カシオ計算機」であるが、カシオにとっての最高階層のブランドとはやはり「ＣＡＳＩＯ」である。企業名はブランドではなく、企業ブランドはその企業が独自で定めた差異性のある名前やシンボルなのである。

ブランド階層において「最高のブランドである」ということは何を意味しているだろうか。それはその企業と従業員にとって、もっとも大事にしなければならないブランド資産は企業ブランドであるということだ。

Ｐ＆Ｇやユニリーバのように個別ブランドシステムを採用して、企業名がマーケティング上、ほとんど外部に現れない場合でも、企業ブランドが重要であることにはかわりない。もし個々の商品ブランドに欠陥があったとき、最終的に責任を取らなければならないのは企業ブランドなのだ。

企業ブランドは企業内で尊敬されていない

もっとも重要なブランドである企業ブランドはどのように扱われなければならないだろうか。当然のことながら、企業ブランドは「神聖な」ものであり、めったにその呼称を変更したりロゴやマークを変えたりしてはならないものである。

このように言うと、「企業ブランドは宗教のようなものか?」と言われることが多い。しかし企業ブランドは宗教とは明らかに異なる。従業員が企業ブランドを尊敬することはあっても、それは企業内でのみ起こることだ。企業ブランドは宗教のように生活とその規則を拘束はしない。

先に、日本では企業ブランドがよく議論になると述べたが、それは企業ブランドが尊敬されていることを意味しているだろうか? 日本では、企業に滅私奉公する「企業戦士」がいたりするくらいであるから、企業ブランドが尊敬されていて当然のように思われる。しかし、実際には逆である。

日本企業のなかでは企業ブランドはさほど尊敬されていない。それどころか、日本の企業人の多くは「企業ブランドは自分が好き勝手に利用するものだ」と考え、そのシンボルや体系を自分の好きなように変更してきたり、あるいは企業ブランドを「乱用」してきたのが実際である。

その顕著な例は一九八〇年代に起こったCI運動で、企業ブランドのロゴやマークを新しくする運動が日本の企業社会を席巻《せっけん》した。

しかし九〇年代に入ると、CI運動はすっかり熱が冷めてしまった。ロゴを変更した多くの企業では、たとえば、ある食品会社のようにいったん定めた企業ロゴをいつのまにか元に戻すというような例すら出てきた。

なぜそのような矛盾する現象が日本の企業社会で起きているのだろうか。

2 なぜ日本は企業ブランド社会なのか

日本は企業ブランドが盛んな社会だ。たとえば、テレビ広告の後に「ぶらさがり」として頻繁《ひんぱん》に表示される企業のロゴマーク、あるいは三菱、三井、住友のような財閥ブランド、東芝、日立、トヨタなどの巨大な総合グループ企業の存在……。三菱のマークは三〇〇〇をこす製品や企業につけられていると言われるが、これらは日本で企業ブランドが盛んなことを示しているように見える。

なぜ、このように日本では企業ブランドが盛んなのだろうか。

一つの大きな理由は、日本では第二次大戦後、比較的短い期間で経済が復興したことである。たとえば、戦後の経済が戦前の水準に追いついたのは戦後わずか七年の間であった。その後、六〇年代に日本が見せた高度成長の時代に日本の主要な企業ブランドは構築された。

短期間に企業が成長し、事業領域を拡大していくなかで、消費者のロイヤルティをつなぎとめておくためには企業ブランドが有効であった。池尾恭一（慶応義塾大学教授）が指摘しているように、この時期の消費者は消費経験は「未熟」でありながら、しかし消費に強い興味や関心を抱く「関与度」の高い消費者であった。

つまり、この時期には、三菱が商社・重工業だけでなく、自動車に進出すれば「三菱自動車」と命名することが、取引関係の信用をつなぎとめておくためにも最適な選択であったし、消費者にとってもそれは信用のもとであった。そこでは、その企業ブランドが車にふさわしいかどうか、というような検討がなされる余地はなかった。

日本で企業ブランドが盛んな第二の理由は、メーカーの流通への配慮である。日本の流通は零細なことで知られている。日本のメーカーは資生堂や松下電器に見られるように、中小規模の商店を組織化し、それぞれ「資生堂チェーン」「ナショナルチェーン」というような強力な販売網を全国に構築した。

こういった強力な販売網が九〇年代にスーパーマーケットや専門店の台頭により、メーカーの桎梏《しっこく》に転じたことは事実だが、これらの化粧品や家電メーカーにとって、こうしたチェーンに依存したビジネスモデルが長い間メーカーのマーケティング戦略を規定してきた。

こうしたメーカーにとって、製品に自社ブランドをつけることは、これらのチェーン店への配慮であったし、零細な商店にとっては消費者によく知られた「メーカー品」を扱うことが成功する早道であった。こうした状況にあって、企業ブランドをつけない製品は考えにくいことであった。

花王に長年勤務してそのマーケティング戦略の基本をつくってきた故・佐川幸三郎氏は、著書『新しいマーケティングの実際』で、花王が「ソフィーナ」というスキンケア化粧品を発売するとき、流通(小売店)の「商品信用力の高い花王の名を冠《かんむり》にしたほうが良い」(同書一四一ページ)という意見が一般的であったため、「花王ソフィーナ」というブランドで発売されたという話を紹介している。

これは象徴的なエピソードであって、小売店がいかに企業ブランドに依存し、メーカーは小売店への配慮として企業ブランドを利用してきたかを物語っている。しかし現在では「ソフィーナ」は花王の冠なしで売られており、ソフィーナはその下に「オーブ」というメークアップ化粧品のサブ・ブランドを保有するほどである。これはソフィーナブランドが市場に定着したからである。

3 企業ブランドの本質

それでは企業ブランドは、どのような役割をマーケティング活動において果たしているのだろうか。

企業ブランドの本質的役割とは、消費者にその製品を販売あるいは生産している企業に「提供能力がある」ことを推察させる点にある。つまり、企業ブランドは「その企業が何ができる企業であるか」を消費者に示していることになる。

たとえば、明治製菓は多くの消費者にとってお菓子メーカーであるが、製薬企業としても「イソジン」のようなＯＴＣ（消費者用薬品）を販売している。このことを知らない消費者にとっては、「明治製菓のクスリ」という製品は想像がつかないだろう。消費者にとって明治製菓はおいしいお菓子をつくるメーカーであっても、薬品を提供できる能力があるとは思われていないわけだ。

キッコーマンは醬油のトップメーカーとして知られているが、一九七〇年代にワインを発売した当初、「キッコーマンのワインは醬油が入っているような気がする」と関係者に言われたという。キッコーマンは、ワインには「マンズワイン」というブランドをつくることで企業ブランドを使わなかった。これも同様にキッコーマンは醬油をつくるのに長《た》けたメーカーと思われたとしても、ワインをつくる能力はないと思われたことになる。

このような企業ブランドは、たとえその製品ブランド名を消費者が知らないとしても、「保証マーク」としてはたらくことになる。仮にある若い主婦が「マギー」という調味料ブランドを知らないとしても、製品にある生産販売企業名で「ネスレ」であることを知れば、そのマークだけで買う判断をするかもしれない。

この意味では、企業ブランドのポジショニングは製品カテゴリーベースではなく、技術ベースあるいは生活者ベースであることが望ましい。というのは、製品ラインを拡張したとき単一の製品ブランドカテゴリーに意味が限られたブランドでは、かつてのキッコーマンの「マンズワイン」の事例にあったように不利にはたらくからだ。

「カシオ」という企業はかつて電卓メーカーであり、現在でも正式社名は「カシオ計算機」であるが、そうだからといってカシオの腕時計が信用できないと思う人はいないだろう。カシオは八〇年代から腕時計の「G-SHOCK」ブランドを確立したように、腕時計メーカーとしても世界的な名声を得るようになった。カシオは製品カテゴリーではなくて、精密機器・IT《アイティー》の分野で自社ブランドを変化させることに成功している。

IT企業として「サンヨー」はデジタルカメラ分野で高い水準の製品を生産しているが、残念なことにサンヨーブランドは未だに家電という印象をひきずっている。一方で「シャープ」は同じ大阪のメーカーであるが、液晶テレビ分野で名声を確立しつつある。特定の製品分野で名声を獲得したとしても、それよりも汎用性が広い部品（この場合は液晶）で名声を確立することが長期的には有利にはたらく。

また、「フランフラン」という雑貨の小売業は若い消費者の間でインテリアや雑貨の分野で高い評価を得ているが、これは生活場面での企業ブランドを確立した事例になる。ともとタバコ関連商品のブランドであった「ダンヒル」は男性の高級身の回り品と、野でブランドを確立しているが、これも男性の特定の生活シーンに立脚して成功したブランドということになる。

4 企業ブランドの三つのタイプと戦略課題

企業ブランドにはいくつかの種類があり、種類によってマーケティングの戦略課題は異なってくる。それは、①エンドーシング型、②サービスプロバイダー型、③コンピタンス型の三つである。

エンドーシング型の企業ブランド

まずエンドーシング型とは、製品個別ブランドのパッケージの裏に表示してあるような、その製品をそっと保証するような企業ブランドである。

このような場合、企業ブランドの役割は「保証マーク」であり、製品ブランドの選択に迷う消費者、あるいは買った後でその製品への満足感を高めたりする役割を果たす。場合によっては「花王ソフィーナ」のように冠ブランドとして、消費者よりも取り扱う小売業者・流通業者にとっての安心ブランドになることもある。

エンドーシング型の企業ブランドの戦略的課題は二つある。一つは「広い、あるいは、深い企業能力認知」を得ることである。つまり、その企業ブランドが特定の狭い製品カテゴリーしか保証できないような意味をもつのではなくて、できるだけ広い、あるいは深い企業の提供能力をもたせることである。

この場合、深く、かつ広い能力認知を同時にもつことはむずかしい。日本の総合電機メーカーである東芝や日立などのような企業ブランドが、IT専門企業のマイクロソフトやインテルと対抗することはむずかしい。つまり何でもできるが、特に秀でた分野がない企業ブランドというようなことになりかねないのである。

この場合、東芝であればノート型パソコンでは世界一というような実績をテコにして、独自の生産技術能力をコアとして企業ブランドを構築することが求められるだろう。

もし「広い企業ブランド」を志向するならば、技術分野よりはむしろ広い生活スタイルに根ざした企業ブランドを選択すべきである。ネスレのような企業は数多くの食品関連ブランドをかかえ、食品分野全般に通じた能力をもつ企業ブランドとみなされている。

通常は「深い」企業ブランドを目指すほうが容易であり、どのような意味で企業能力を顧客に認知してもらうかを検討しなければならない。

サービスプロバイダー型の企業ブランド

サービスプロバイダー型の企業ブランドとは、ホテル、ファーストフード、流通のように、人手を介してブランドが形成されるようなサービス型企業の企業ブランドのことである。こうした企業ブランドの場合、従業員によるブランド理念の実現が販売時点で欠かせないものになる。

したがって、サービスプロバイダー型企業ブランドの場合は、従業員がいかにしてその企業が実現しようとしているサービスの質を体現できるか、その仕組みづくりにかかっているといってもよいだろう。

たとえば、スターバックスのようなグルメコーヒーショップの場合を考えてみよう。グルメコーヒーの場合は、どのようなメニューでコーヒーを出すか、どのような店内サービスを実行するかといった事業課題があり、これらを実行するために従業員にどのような教育を行っているかがカギとなる。

コンピタンス型の企業ブランド

コンピタンス型の企業ブランドとは、BtoB（Business to Business）あるいは産業財ブランドのように企業同士の取引で活用されるようなブランドである。このような企業ブランドでは、専門家やエキスパートによる製品・サービス評価が行われ、また集団的な購買意思決定が行われるために、ブランドはさほど重要な役割を果たさないと考えられがちである。

しかし実際は、このタイプの企業ブランドでは、専門家は企業ブランドを手がかりにして購買を決めることができる。

たとえば、大学の教員が自分の専門領域の図書を買う場合を考えてみよう。「アマゾン」のようなインターネット本屋の場合、本の内容の情報を入手できる場合とそうでない場合とがある。もし本の内容がわからない場合、大学教員ならばどうするだろうか。もしかすると、その本のタイトルは魅力的だが駄本かもしれない。

そのような場合、まず手がかりとしてはたらくのは著者名であり、また出版社名である。これらは企業ブランドとして中身を推定させるのに役立つのである。

企業ブランドは、現在ではより積極的に「名声」を獲得する役割を期待されている。というのは、企業同士の取引が盛んになると、取引にかかるコストを減らすために、名前の知られたブランドを利用するというケースが増えてくるからだと考えられる。いっそうスピードを要求されるインターネット時代の取引には、早い時点で企業ブランドの名声を獲得しておく必要が生じてくる。

　このような場合、宣伝広告というコストはかかるが短時間で強力にはたらく手段と、広報・PRという長期的で戦略性が必要なコミュニケーション手段との二つをうまく使い分けていくことが求められる。

第5章 ブランドコミュニケーション

煙が風に
形を与えるように
名前は土地に
波動を与える
——大岡 信「知名論」
思潮社

1　ブランド価値を高めるコミュニケーション

コミュニケーションの役割

ブランド戦略では、コミュニケーションが重要な役割を果たしている。ここで言う「コミュニケーション」とは、テレビ・ラジオ・雑誌・新聞などのいわゆるマス広告や電車のなかの吊り広告、さらにはチラシ、店頭広告（POP）、インターネット、商品パッケージ、販売員などによる、そのブランドと顧客とがかかわりあうすべての接点を指している。

ブランド戦略において、コミュニケーションが重要な理由は二つある。一つの理由は、ある商品を買う場合、ほとんどの消費者は知っているブランドを手がかりにして商品を購入するからだ。

たとえば、スーパーマーケットの棚にはアイスクリームでも多種多様なブランドがならんでいるが、事前のコミュニケーションによって、そのアイスクリームブランドのラベルを知っていれば、消費者はそのラベルを手がかりにして、買いたいアイスクリームを容易に選ぶことができる。

第二の理由は、コミュニケーションによってブランドの価値が高まるからである。ブランドコミュニケーションが通常のマーケティングコミュニケーションと区別されるのは、それが単に商品を「売る」ためになされるのではなくて、コミュニケーションの結果がブランドの価値を高めたかどうかという点においてである。

競合商品より明らかに優れた品質や機能をもつ製品は、必ずしもブランド力を高めなくても売ることはできる。しかし製造技術が進んだ現在では、そうしたハッキリした違いをもつ製品は少ないし、あったとしても、その製品をどのカテゴリーに位置づけるかによってブランドの価値は異なってくる。そして、そのブランド価値はコミュニケーションによってつくり出される。

一九七九年に発売されたソニーの「ウォークマン」は、「プレスマン」というジャーナリスト用の携帯録音機をもとにつくられた。このため、一部を除いてウォークマン独自の技術開発はなかった。しかしウォークマンの「持ち運びでき、どこでも聴ける再生専用機」という基本コンセプトは画期的だった。ウォークマンは何よりも新しいライフスタイルを若者に提案するブランドであったから、ポジショニングも若い消費者用に変えて、コミュニケーションすることでブランドの価値を高めたのである。

では、コミュニケーション戦略を立案するとき、何に注意すべきなのか。そのポイントは、①コア・アイデンティティ、②理想ターゲット、③ブランドワールドの三つである。

コア・アイデンティティ

コミュニケーションを考えるときには、まずそのブランドのコア・アイデンティティがどこにあるのかを確認しなければならない。「コア・アイデンティティ」とはそのブランドらしさが何であるかを記述したものである。

それはたとえば、ミネラルウォーターの「ペリエ」のような「昼食時に飲まれるアルコールの代替品」という説明であったり、スキンケアの「ダヴ」の「今まで気づかなかった自分を見つけてください」というメッセージであったりする。

記述そのものはいかようにも書けるが、コア・アイデンティティとして必要な条件は、次のようなものである。①そのブランドのライフスタイルにおける位置づけが明確になっていること、②顧客に対して新しい価値が提案されていること、③そのブランドから得られるベネフィット（効用）と一貫していること、④他のブランドと異なる独自性が表明されていること。

コア・アイデンティティを作成すること自体はさほどむずかしいことではないが、コミュニケーション戦略を立てるときに実際に使えるかどうかは検討しなければならない。コミュニケーション戦略に使うコア・アイデンティティは業界用語で言う「キャンペーナブル(campaignable＝キャンペーンに使える)」なものでなくてはならないとされているからだ。

たとえば「ハブ・ア・ブレイク・ハブ・ア・キットカット」のスローガンで知られるネスレの「キットカット」のコア・アイデンティティは、単に「ウエハースが入ったおいしいチョコレート」ではなく、「ちょっと休息の合間に食べやすいチョコレート」であるが、これはキャンペーナブルなコア・アイデンティティの好例である。

理想ターゲット

第2章で述べたように、ブランド構築では実際のターゲット(リアルターゲット)のほかに、理想ターゲットを設定することが求められる。

理想ターゲットとは、「このブランドはこのような人にだけ使って(買って)もらいたい」、あるいは「このブランドはこのような人にしか使って(買って)欲しくない」という、コミュニケーション上の理想の人物像を意味している。

市場では、ある有名人がそのブランドを使っていることが知られると、一般の消費者もそれに引かれて購入する場合がある。

たとえば、女性化粧品のエスティ・ローダー社は一九六〇年代から「エスティ・ローダーの女性」キャンペーンに有名モデルを起用し、ブランドを代表する「顔」にしてきた。七一年にカレン・グラハムをブランドを代表するモデルに起用したとき、創業者のエスティ・ローダーは次のように語ったという。

「(カレンは)数多くの女性から憧れられるような、人生に責任を持っているようにも見えました。ですから女性たちは、彼女を自分と同一視し、彼女のようになろうと努力したのです」(『ザ・ブランド』ナンシー・ケーン著　樫村志保訳　翔泳社　二〇〇一年)

ところで、コミュニケーション戦略を立てるとき、マーケターは、できるだけ広い消費者層をターゲットにしがちである。そのほうが安全と思われるからだが、実際には、一見して狭く見えるターゲットを設定しなければならない。一つの理由は、消費者にとって「使用者イメージ」が重要な意味をもっているからだ。

消費者は、そのブランドがどのような人によって買われたり使用されたりするかを想像する。その使用者イメージが自分と同じであったり、あるいは自分にとって好ましい人物像であることが強いブランドであるための必要条件なのである。また、理想ターゲットさえ押さえておけば、他の消費者もそのブランドに引かれる可能性が大きい。

宝石とアクセサリーで知られる「ティファニー」はもともと文房具などから出発した店であった。「良家のお嬢さま」はティファニーの目指す理想ターゲットの一つであるが、そうした消費者イメージを維持することがティファニーの重要なブランド資産になっているのである。

ブランドワールド

ブランドコミュニケーションではブランドワールドを規定する必要がある。「ブランドワールド」とは、そのブランドがおかれた典型的で独自性のある心象世界のことを指している。こうした心象世界は消費者に強くはたらきかける。

たとえば紙巻きタバコの「マルボロ」では、「カウボーイの世界」というブランドワールドがテレビCMで繰り返し展開される。雪の降る牧場の焚き火に集まって暖をとるマルボロマンたち、あるいは広大なマルボロカントリーで馬を追っていくマルボロマン……などの印象的なシーンである。タバコの広告には厳しい規制が敷かれているが、マルボロは強力なブランドワールドを構築することで、紙巻きタバコ市場でもっとも強いブランドになっているのである。

2 ブランドコミュニケーションの目標と測定

コミュニケーション活動を展開するときは、どのような目標を立て、それぞれの達成度を測定すればよいのだろうか。それは、①ブランド認知、②属性評価、③知覚品質、④連想という目標である。

ブランド認知

コミュニケーション活動においてまず目指さなければならないのは、ブランド認知である。「ブランド認知」とは、そのブランド名が消費者に認知されている（知られている）程度のことで、簡単に言えばブランドの知名度である。ブランド認知は高いほうが低いよりもよいことは誰にでもわかるが、なぜそれが重要なのだろうか。

一つには、消費者は知っているブランドの商品を選んで購入することが多いからだ。読者も経験があるはずだが、人々は自分が知らないブランドに対しては疑いをもつ。ブランド名を知らない場合は、その商品がどんな店で売られていたか、あるいはどこで生産されたか（生産国や生産県など）をブランド以外の手がかりとして購入することになる。

二つ目には、消費者は知っているブランドに好意をいだきやすいからである。社会心理学者のR・ザイアンスによれば、人々は自分が見知らぬ記号であっても（たとえばアメリカ人にとっての漢字）、何回も繰り返し見せられると、その記号に対して好意をもつようになるという。つまり人間は知らないものよりも知っているもののほうに、強い理由もなく好意をいだく傾向をもっているのである。

ブランド認知を測定するときに注意しなければならないのは、消費者はブランド名を知っていたとしても、実際にはブランド名を確認して買っているとは限らないことだ。このために、パッケージ商品の認知度を測定するときは調査対象者に必ずパッケージの写真を示して、「あなたはこのブランド名をご存知ですか？」とたずねることが必要になってくる。つまりブランド認知とは、パッケージなどの製品デザインの認知も含めて考えなくてはならないのである。

ブランド認知の二つの尺度

ブランド認知度を測定する尺度は二つある。一つは「再認」、二つ目は「再生」である。

再認とはブランド名とパッケージを調査対象者に示して、「このブランドをご存知ですか?」とたずね、「知っている」「聞いたような気がする」といった答えを合計してパーセントで表したものである。

再生テストでは、製品カテゴリー名だけを調査対象者に示して、「この製品カテゴリーで思い出すブランド名をすべてあげてください」というような質問を投げかける。再認テストでは、ブランド名が示されているので調査対象者はすぐに答えることができる。このため、ロングセラー商品のブランドであれば一〇〇パーセント近い数字になることもまれではない。

しかし、再生テストではブランド名を思い出す努力をしなければならないので、成熟ブランド同士では知名度において、さほど差がないという結果になりがちである。したがって、消費者が最初に思い出す「トップ・オブ・マインド」と呼ばれるブランドになるためには、かなりのコミュニケーション実績を市場で積んでおかなければならない。

ブランド認知度を上げる方法

それでは、ブランドの認知度を上げるにはどうしたらいいのだろうか。新ブランドを競争の厳しい市場に投入するときは、短期間で一気に知名度を上げる工夫をしなければならない。その理由の一つは、売れない製品は店頭に置かないという流通の方針があるからだ。

このためブランドコミュニケーションの初期段階では、思い切った投資が必要になる。これまでの研究でも、初期にマーケティングコミュニケーションと店内プロモーションに力を入れたブランドが長期的なブランドになることが明らかになっている。経験的には、キャンペーンの初期(三〜六ヵ月)に五〇パーセントくらいの再認テスト結果が得られることを目標にすべきだとされている。現在では、テレビを用いたスポットキャンペーンがもっとも有力な手段である。

もちろん十分なコミュニケーション投資ができないという場合も少なくない。マス広告に頼らないで、初期にブランド認知度を上げるには以下の三つの方法がある。

一つは、その市場の発展にとって重要なキーパーソンに、コミュニケーションを集中させることである。「ナイキ」が創業当時はじめたランニングシューズのビジネスでは、知名度の高い一流選手と相談しながら、彼らが必要とする製品をつくり、またその靴を履いてもらうことで一般消費者のブランド認知度を高めていったのである。

二つ目は、新しいプロモーション手段を開発して、そこに資金を集中する方法である。女性化粧品のエスティ・ローダー社は一九五〇年代にビジネスを開始したとき、広告費に五万ドルしか用意できなかったという。大手のレブロン社などは、年間に二二〇〇万ドルを広告費に使っていた時代にである。

創業者のローダー夫人が行った新しいマーケティング戦略は、その少ない広告費を無料サンプルに使うことであった。今日では無料サンプルを提供することは化粧品業界の常識的なプロモーション手法になっているが、当時としては画期的な手法であった。

マス広告に依存せずにブランド認知度を高める三番目の方法は、店舗のような直接顧客と触れあう場所を最大限に活用することである。この好例はグルメコーヒーの「スターバックス」で、広告費はごく限られた場合にしか使わない代わりに、店舗をもっとも有効なメディアと考え、出店に資金を集中した。

それは、特定の地域でもっとも目立つ場所に出店する（東京の銀座など）、オピニオンリーダーや有名人が集まる地域に出店する（南カリフォルニアのハリウッド、ビバリーヒルズなど）、さらにこれらの地域に集中して出店することである。こうした出店と店内の顧客へのサービスによって、スターバックスは今日の地位を築いたのである。

しかし、新ブランドを立ち上げたとき、短期間でブランド認知度を上げることは必要だが、それで十分だというわけではない。ブランド名が消費者に知られるだけでなく、ブランドを企業の資産にする戦略からすれば、さらに「属性評価」や「知覚品質」といった要素をコミュニケーションを通じて顧客に明確に伝えなければならない。

属性評価

属性とは、「顧客が評価するブランドの側面」といった意味である。たとえば、ある自動車について顧客は、スタイル、居住性、燃費、インテリア、乗り心地、耐久性、安全性などのさまざまな点をあげて、それぞれの良し悪しを評価するが、これらが車の属性評価である。

コミュニケーション戦略に必要な属性を決定するときは、まずグループインタビューなどを通じて顧客が購入するときの目安になるブランドの属性項目を選び出し、それぞれの項目の数量的な測定結果を踏まえて、そのブランドにとってもっとも重要な属性を決める。

この場合、気をつけなければならないのは、顧客は本当に重要な属性よりも「言いやすい」属性を重要なものとしてあげる傾向があることである。たとえば、「価格が安い」は誰もが言いやすい属性で、どのブランドにも共通するような属性を重視することは戦略的にふさわしくない。

属性評価でもっとも重要なことは、そのブランドを他のブランドと区別する決定的な属性は何かを見つけだすことである。たとえば、チョコバーの「スニッカーズ」のように「お腹が空いたらスニッカーズ」というポジショニングをもったブランドでは「空腹を満たすのにふさわしい」という属性は、もっとも重要なものとなる。

なお属性には、顧客が直接知覚できる属性（香り、手触り、スピード、便利さなど）と、直接には知覚できない（あるいは知覚しにくい）属性（殺菌力がある、栄養があるなど）とがある。また、専門家でなければ評価できないような属性（薬の効果など）もあるので、これらを区別して測定することも必要になる。

新ブランドのキャンペーン、あるいは既存ブランドのキャンペーンを立案するときは、こうした属性評価を高めておかなければならない。それが、最終的にはブランドを購入することにつながってくるからである。

知覚品質

ブランド価値を高めるコミュニケーション活動では、「知覚品質」を高める努力も重要である。知覚品質とは「顧客が知覚できる（わかる）品質」のことであり、「本当の品質」や「客観的に測定できる品質」とは違うものだ。

知覚品質という考え方が有効なのは、品質の違いがあまり意味をもたない製品カテゴリーにおいてである。たとえば、多くの消費財分野では品質の違いがわかりにくくなっているし、品質の違いはむしろテイストの違いにすぎない場合が多い。

乗用車を考えてみると、人を乗せて移動する機能では、どの車も遜色《そんしょく》はなくなっている。かつては価格が高くサイズの大きな車はイコール品質の高い車であったが、今日では乗用車の知覚品質は、つくりがよい、インテリアが優れている、スタイルがよい、安全性が高いなど複数の尺度による相対的なものである。

経営学のR・バゼルとB・ゲイルらによる研究によれば、知覚品質で下位二〇パーセントに属する事業では約一七パーセントのROI（対投資収益率）しかないのに比べて、知覚品質で上位二〇パーセントに属する事業ではほぼ二倍のROIが得られているという。つまり、商品の相対的知覚品質が高いほど収益率がよくなるのである。「長期的に、その事業単位の成果に影響する単独の要因は、その商品とサービスの競合に対する相対的知覚品質の高さである」とバゼルたちは結論づけている。

こうした知覚品質をブランドコミュニケーションにおいて高めるためには、三つの方法が考えられる。

まず第一は、ブランドの技術的な優位性を消費者にわかりやすく伝えることである。これは当たり前のようだが、実際には多くの困難がつきまとう。なぜなら、革新的な技術はそれほど多くないし、また革新的な技術であればあるほど消費者や関係者に理解されない場合もあるからだ。そこで技術的な新しさや機能がある場合であっても、それが消費者にとってどのような効用があるのかをわかりやすく表現し、長期的な視点でコミュニケーションを続けていく必要がある。

ロッテの「キシリトール」は、虫歯を予防するというそれまでにはなかった特性をもつガムだった。しかし消費者調査をすると「そんなことがあればうれしいが、信じられない」という反応が多かったし、歯科医師から反発を受ける恐れもあった。

この問題を解決するためにロッテは、①パブリシティ活動によって歯科医にキシリトールの啓発を行う、②マス広告によってブランド認知を高め、まずキシリトールという名前をおぼえてもらう、③有料広報活動によって製品の機能と理解を促進する、の三つの活動を行った。

こうした活動によって、キシリトールは発売年に、いきなり一五〇億円の売り上げを記録したのである。

第二は、コミュニケーションのメッセージの質、つまり広告表現の質を高いものにすることである。たとえばネスレの「ネスカフェゴールドブレンド」は、「違いがわかる男」「上質を知る人」などのキャンペーンを通じて将来性のある文化人を長年起用し続け、広告の質の向上に結びつけている。

第三の方法は、コミュニケーション全体の質を統一することである。高級服飾品の「シャネル」は創業者ココ・シャネルの時代から、一貫して「白と黒」「金と銀」の色を広告の中心に使い、イメージディレクターが広告全体の質を厳重に管理している。

連想

「連想」は前の節で述べたブランドワールドを構成する要素で、これまでは「ブランドイメージ」ということばで理解されてきたことが多かったが、本来は異なるものである。コミュニケーション活動で連想がなぜ重要かといえば、あるブランドから連想されるものが豊かであればあるほど、ブランド名が記憶に残り、消費者はそれを忘れないからである。また、連想は、考慮集合（消費者が買ってもよいと考える候補ブランドの集合）にそのブランドが入ることを助けるという利点もある。

ブランドの連想を活用すると、事業を拡張するのが容易になることもある。アメリカのホテルチェーンとして有名な「マリオット」は、介護のためのケアハウス事業を新たに展開しているが、マリオットのケアハウスは、ホテル並みの介護サービスを連想させ、事業展開に有利にはたらいている。

連想を考えるときに避けなければならないのは、ある商品カテゴリーでは当然とされる要素をコミュニケーション活動のなかで強調しすぎることである。

たとえば、ビールの広告のなかで「うまい！」ということばを使うのは連想を強化する必要条件であっても十分条件ではない。うまいのは当たり前であって、それを強化するための連想とは何かをコミュニケーション活動では考えなければならないのである。

3 ブランドコミュニケーションの配置

二つの広告

世界のビッグブランドを観察すると、ブランド力を高めるために、二種類の広告をコミュニケーション活動に配置し、それぞれを使い分けていることがわかる。それは「ブランド構築型広告」と「プロモーション型広告」、または「主観的情緒型広告」と「客観的情報型広告」である。

ブランド構築型広告の典型は、先に紹介した「ネスカフェゴールドブレンド」で、ブランドを築くために必要な連想を強化し、知覚品質を高めるような広告のことだ。一方でネスレは、花をプレゼントする「続くしあわせプレゼント」などのプロモーション型広告を実施して、その時々の課題を解決するようなマーケティングコミュニケーション活動を行っている。

主観的情緒型広告とは、「アサヒスーパードライ」のスポーツを取り上げた広告シリーズや、スキンケアの「ダヴ」の「テスティモニアル（証言）」広告シリーズを思い浮かべればよい。アサヒスーパードライではビールを飲むことの意味が感覚的によく表現されており、ブランド連想を強化している。またダヴではそれを使った女性の主観的証言がリアルに表現され、やはりブランド品質を高めるのに貢献している。

一方において、アサヒスーパードライでは「フレッシュローテーション」（ビールの新鮮さを保つための流通と店頭の管理）の実施を伝える情報広告を、またダヴではリトマス試験紙を用いて、ダヴが肌に近いアルカリ性であることを客観的に表現している。

このように、ブランド力を高めるためのコミュニケーション戦略では通常のマーケティングコミュニケーションとは少し異なった視点と創造的な手法が求められている。

第6章　企業戦略とブランド

「アメックスというブランドは我々の本社ビルよりもはるかに現実の生き生きした存在であり、そこに価値があります。……あなたがた社員がアメリカン・エキスプレスなのです」――アメリカン・エキスプレス社最高経営責任者ケネス・シュノールト（二〇〇一年九月一一日ニューヨークのテロ事件の際、避難する三〇〇〇人の社員に向かって）

1　ブランド戦略と、ブランドの「外部性」

ブランド戦略は企業トップの仕事

ブランド戦略は、ブランドマネージャーが扱う問題と思われているが、実は企業のトップが率先して取り組むべき問題である。トップがブランドに取り組まない企業では、ブランド戦略は成り立たないと言ってよい。

なぜなら、ブランド戦略は第1章で述べたように「売り上げの短期的追求」と矛盾するような内容を含んでいるからだ。売り上げの追求とブランドの構築とを両立させるのは、企業トップのリーダーシップをおいてほかにない。

ブランドマネージャーがふだん扱っているのは、第1章で述べたブランドマネジメントのレベル2（ブランドを単位としたマーケティング管理）であるが、ブランドに関する企業トップの仕事は、レベル3のブランド価値を高めるためのマネジメントである。

これには、対外的コミュニケーション活動などさまざまな活動が含まれるが、企業トップといえども簡単にコントロールできない問題がある。たとえば業種、事業タイプ、企業戦略のように、ブランド管理（マーケティング意思決定）をする以前からあらかじめ決まっており、しかもトップの意思決定に影響を与えるような条件である。このような条件は、ブランドの「外部性（externality）」と呼ばれている。

どのような企業戦略と事業タイプを選択するかはトップマネジメントの決定の問題であり、ブランドに関する現場のマーケティング意思決定とは独立して行われるだろう。

しかし、選ばれた企業戦略なり事業タイプというものはブランド戦略に影響を与えるし、逆にブランドが企業戦略や事業タイプの選択に影響を与えると考えられる。このような「外部性」を、どのようにしてブランド戦略と関係づけて考えることができるだろうか。

2　企業戦略とブランドの地位

市場競争のなかで常に優位を占めようとする企業は、どのような競争戦略をとりうるかを明らかにしたのが、ハーバード大学ビジネススクール教授のマイケル・ポーターである。

三つの競争戦略

彼によると、企業の競争戦略は、①コスト・リーダーシップ戦略、②差別化戦略、③集中戦略の三つに大別される。

「コスト・リーダーシップ戦略」とは、規模の経済性、独自の技術、有利な原材料確保などによって他社よりもコストを下げ、競争優位に立とうとする戦略である。トヨタ自動車はこの戦略を取る代表的なメーカーで、日本企業は伝統的にこの戦略に長《た》けていると言われてきた。

「差別化戦略」は、「買い手がきわめて重要だと思ういくつかの次元に沿って、自社を業界内で特異性をもつ会社にしようとする」戦略である。製品そのもの、流通システム、マーケティング方法などによって他社との差をつけ、差別化することで価格プレミアムを求めるのである。この戦略を取る代表的な企業は、高度な技術を駆使して「ペンティアム」のような他社にはまねのできないパソコン用高速CPUを生産するインテルである。

「集中戦略」は、以上の二つのどちらかの戦略を取りながら市場を絞り込んで、そこに製品を集中する戦略である。たとえば、ポルシェは差別化に徹しながら、自動車市場では狭いセグメントに属する高級スポーツカーに集中している。

同時に二つの戦略は取れない

ポーターの競争戦略論で重要なことは、企業はふつう、これらの複数の戦略を同時に取れないとするところにある。同時に選択することはまったく不可能ではないが、その場合でも、限られた条件でしか成立しない。

たとえば、コスト・リーダーシップ戦略と集中戦略とを同時に達成するためには、①競争相手が窮地に陥っている場合、②コストが市場シェアによって決まってしまう場合、③画期的な技術革新をいち早く達成した場合、の三つの場合に限られる。この場合でも、同

	内的志向	外的志向
質的志向	**テクノ・マーケター** （技術力優位）	**ブランド・マーケター** （ブランド力優位）
量的志向	**コスト・マーケター** （低コスト生産・調達力優位）	**チャネル・マーケター** （営業力優位）

図8　市場オファー戦略マトリックス

時戦略は一時的にしか達成されないのである。

「企業は同時に一つの戦略しか選択できない」というポーターの指摘をベースにして、図8のマトリックスによってブランド戦略の地位を考えてみよう。

四つのマーケター

図8におけるマトリックスの各ポジションは、それぞれの企業がどのような志向をもって企業の特質・得意分野を方向づけ、競争優位を築いてきたかを示すものであり、同時に、その企業がどのようなベネフィット（効用）を顧客に与えてきたかを示している。

「コスト・マーケター」とは、生産プロセスの合理化、低コストによる原材料の仕入れ、パッケージングの技術、物流システムの優位性などによって、競争相手より安いコストで競争優位を築く企業である。

「テクノ・マーケター」とは、製品そのもの、あるいは、生産過程で優れたテクノロジーを用いることによって生まれた優位性によって差別化を行う企業である。

「チャネル・マーケター」とは、流通の確保、自前の流通網、営業力などによって流通に強い影響力をもつ企業で、自社製品を店頭に陳列する能力に長《た》けている、あるいは自前の流通網によって自社製品を消費者に提供することができる。このような「プッシュ」の力で競争上の優位を築く企業がチャネル・マーケターである。

最後の「ブランド・マーケター」とは、消費者や顧客に印象づけたブランドを活《い》かしてプレミアム価格で製品を売り、それによって高い収益力を維持する企業である。

コスト・マーケターとチャネル・マーケターは「量的志向」のマーケターで、より多くの売上額やシェアを志向することで規模の経済性を目指し、より優位な地位を市場で築こうとする。

一方、テクノ・マーケターとブランド・マーケターは「質的志向」をもっていて、価格プレミアムを実現することで、より高い利潤を得ようとする。

その一方で、コスト・マーケターとテクノ・マーケターは、他社よりも早く生産や研究開発に投資して企業内の資源を充実させようとする「内部志向」のマーケターである。

チャネル・マーケターとブランド・マーケターは、その逆に「外部志向」である。取引先や顧客との関係構築に大きな投資を行い、社外との関係を充実させようとする。

戦略マトリックスで見るブランド・マーケターへの道

企業は図8のマトリックスに示された、ある一つのポジションをより充実させることで競争上の優位を築こうとする。しかも、企業は一つのポジションにとどまっているわけではない。優位な地位をより強固なものにするために、別のポジションへと移動する。

つまりこのマトリックスは、企業が何を市場に対してオファー(提供)しようとしているかを示したものである。前に述べたように、企業は一つの戦略しか取れないと仮定している。自社がマトリックスのどこに位置するかは、企業がどの戦略にもっとも企業資源を費やしているかで判断できる。

ここで考えてみたいのは、企業はどのような発展過程をもってブランド・マーケターに行き着くか、を考えてみることである。

企業は一気にブランドで立つ企業にはなれない。短期でブランドを構築することは不可能ではないにせよ、ある発展過程をもってブランド中心の経営を成立させる。その発展過程を、このマトリックスを使って考えてみたい。

ナイキ

たとえば、ナイキのような企業を考えてみよう（図9）。ナイキは一九六〇年代に創業されたときから、創業者のフィル・ナイト氏が構想した事業プランをもっていた（当時は「ナイキ」という社名ではなかったが）。

それは日本において、より安価なコストで高い品質の運動靴を生産するという考えである。同社はこの段階では、いわばコスト・マーケターを志向していたということができる。事実、ナイト氏は来日すると、当時のオニツカ社（現アシックス）に委託して運動靴を生産した。

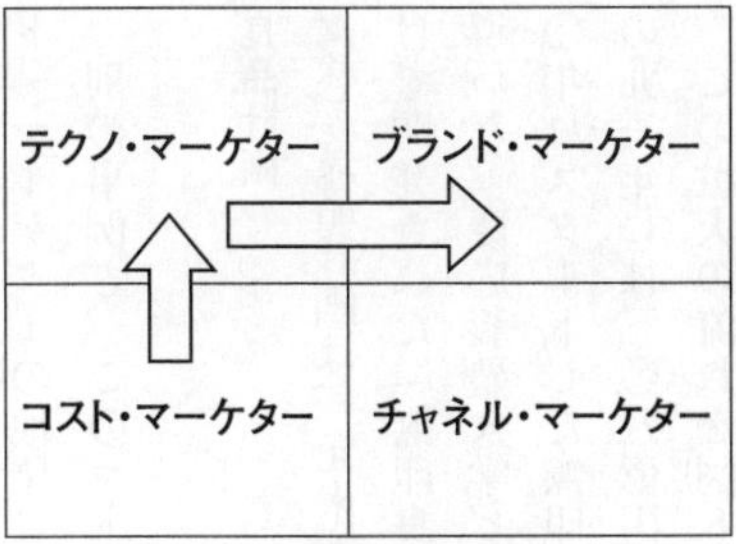

図9　ナイキの戦略移動

その後、ナイキは安価な靴だけではなく、スポーツ選手の要求を満たす、よりテクノロジー性の高い靴を生産するようになった。この段階でナイキはテクノ・マーケター志向を強めた。トップアスリートの要求する高品質のスポーツシューズをつくるメーカーとして自分を変えていったのである。

さらに、ナイキは単なる運動靴メーカーにとどまらず、今日われわれが見るようにトップアスリートをCMに用いてブランド戦略を強化した。この段階に至って、ナイキはブランド・マーケターの地位についたのである。

別の事例で、このマトリックスを使って戦略移動の軌跡を見てみよう。

良品計画

(株)良品計画は、元来セゾングループのプライベート・ブランド(PB)としての位置づけで開発された「無印良品」というブランドを、一大独立ブランドグループとして成功へ導いた。慶応義塾大学ビジネススクールが作成したケース・スタディーによれば、一九八〇年にスタートした無印良品は、当初五五億円だった売り上げ(一九八三年)を、一〇年後の九三年には三〇八億円にまで拡大している。

この拡大の流れを図8のマトリックスにあてはめて分析すると、次のようになる。

八〇年代初頭の無印良品のスローガンが「わけあって安い」であったように、包装を簡素化するほかに、素材・工程・包装の三つの視点から低価格化をすすめた。この時点では、無印良品は明らかにコスト・マーケターを志向していた。

販売開始から三年目の八三年に、無印良品は独立店舗の開店、百貨店の専用コーナーをオープンさせるなど、流通の拡大を図った。この動きは現在も続いて、当初のセゾングループのPBという位置づけから完全に脱して、自前の流通アウトレット(都市型・近郊型の大型店舗展開など）を確保することになった。この段階で無印良品は、チャネル・マーケターを志向しはじめたと言えるだろう。

八九年、無印良品はセゾングループから独立し、（株）良品計画として再出発した。途中で何回かオリジナルのコンセプトを確認しながら、現在では食品・家庭用品・日用雑貨・生活用品全般をカバーする大ブランド（同時に小売りアウトレットでもある）に成長している。

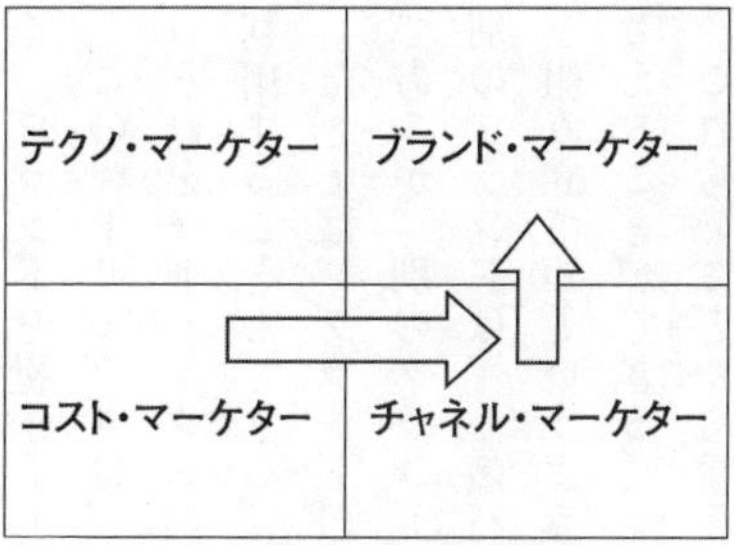

図10　無印良品の戦略移動

単に安くてよい品物というだけにとどまらず、「自然・やさしさ・環境」をテーマとする意味・理念を包含するブランド性をもち、そのブランド価値によって他のブランドと差別化され、大きな収益を得る段階に至っている。この段階で無印良品は、ブランド・マーケターとして成長したと考えることができる（図10）。

これらの事例のように、図8の市場オファー戦略マトリックスは、ある企業の戦略がどのように移動したかを理解する助けとなるだけではない。その企業が単なる低コストやチャネル支配力、またテクノロジーだけで市場を制するのではなく、ブランドを梃子《てこ》とした戦略へと成長する過程を理解する助けとなる。

このマトリックスは、歴史的成長過程だけでなく、ある企業がもっているブランドのそれぞれをマトリックスの四つのワクに配置して、その企業のブランド・ポートフォリオに利用することもできる。

たとえば、ブランドの一つはコスト面で競争優位となっているのでコスト・マーケターであるが、別のブランドは特定チャネルに向けたチャネル・マーケターである。もう一つ別のブランドは、そのパワーを活かしたブランド・マーケターとしてマーケティング戦略を組み立てるというように、このポートフォリオを使って各ブランドのポジショニングを考えることができる。

これらのことから言えることは、マーケターはブランド戦略だけで市場で勝負する必要はないということである。つまりコストが重要視され、それだけが競争上の優位を決めるような業界にあっては、コスト優位を中心としたマーケティング戦略を考えていくことは可能であるし、また営業力を武器にして、チャネル・マーケターとしてその地位を築くこともできるのである。

しかし、図8のマトリックスは、競争優位はブランド力を築くことによっても得られること、そしてブランド・マーケターに至る道を志向することが単なるコスト・マーケターからの脱出であることを示唆《しさ》しているのである。

3 事業タイプとブランド戦略

パッケージ型ブランド

ブランド戦略で問題となるのは、果たしてその戦略が業種・商品・事業タイプをこえてあてはまるかという点である。たとえば、事業タイプはブランドの「外部性」として戦略に影響を与えるから、直感的に考えても、化粧品にふさわしいブランド戦略がハンバーガーショップにあてはまるかどうかは疑わしい。

筆者らが行ったグローバルブランドのヒアリング結果（一九九八年）から、事業タイプには、それに対応したブランド戦略があることが明らかになった。

一つは、パッケージ型商品の「パッケージ型ブランド」である。パッケージ型商品とは、スーパーが扱う食品・トイレタリーなどのパッケージ商品、また家庭用薬品や家庭用品、家電製品もこれにあたる。

パッケージ型商品の特徴は、消費者が自由に手に取って多くの競合品のなかから自分で選択できる状況にあることである。パッケージ型商品のブランドでは、商品が「手に取って」選択されるために、店員などの助けを借りなくても、ブランドそれ自体で商品が売れるような仕掛けが求められる。

つまり、ブランドの選択が消費者の自由にまかされているために、そのブランドに対する消費者の記憶が、ブランド選択にとって有利に（選択率を高めるように）機能するようなマーケティング戦略が設計されていなくてはならない。これがパッケージ型ブランドの戦略的な課題である。

パッケージ型ブランドでは、商品が機能面で優れていれば他のブランドよりも有利になる。衣料用洗剤なら、ほかの洗剤よりも明らかに白く仕上がる機能をもっていれば、ブランドとしても優位性をもつのは当然だが、今日の消費財の世界では、機能面だけで決定的な優位を築くことは非常にむずかしい。

このためにパッケージ型のブランド戦略では、情緒的な価値をブランドにもたせるために、消費者心理に分け入ったアプローチが必要とされる。このように築かれたブランド価値が長期的な有効性をもつ場合がある。たとえば紙巻きタバコの「マルボロ」のようなロングセラー・ブランドを想定してみればそのことがわかるだろう。

パッケージ型ブランドのコミュニケーション対象は、言うまでもなく一般の消費者で、流通の協力を得るために小売業・卸売業などの流通関係者も二次的な対象者に含まれる。

成分型ブランド

次に、成分型商品の成分型ブランドを考えてみよう。「成分型商品」とは産業財（資本財）のような、それ自体は一般の消費者が購入しない商品である（場合によってビジネス財も含まれる）。なぜ「成分型」と呼ばれるかと言えば、一般の消費者にとって産業財商品は「その製品に含まれている成分」にすぎないからだ。

こうした分野では、ブランドよりもむしろ商品の機能や価格が重要な要素と考えられている。製造プラントのような資本財の価格は一般に高価だし、購入する前に、その機能が専門家によって入念にチェックされることも多い。また、顧客に対する日常的な営業活動が欠かせない。

したがって成分型商品のブランド戦略は、製品開発や生産の「事業理念」そのものをブランドに込めてコミュニケーションを行い、事業をより円滑に進めるための環境づくりをすることである。つまり、どのような理念をもってその事業にあたるのかを、直接の購入者と関係者によく理解してもらうことが成分型ブランドでは必要なのである。いわゆるCI（コーポレート・アイデンティティ）は、この意味で重要である。

たとえば、ゼロックスは自らを「The Document Company」と位置づけているが、それは「ゼロックスは単なるコピー機器の会社ではなく、どんなオフィスでも、そこの文書処理の効率を上げることが社の使命である」という理念の表明なのである。ゼロックスにとっては、この理念でブランド戦略を方向づけ、それを顧客と自社の販売・開発担当者に徹底させることが、事業遂行にとって重要であるからだ。

ただし成分型ブランドであっても、エンドユーザーに対して直接はたらきかけることが戦略的に有効な場合はある。

たとえばインテルは、一般のパソコンユーザーに向けて直接「インテル・インサイド」のキャンペーンを行っている。これは、インテルはもっとも高速・高性能なCPUの開発生産を行っているというメッセージであるが、このメッセージが「インテル」のブランドをユーザーに周知させるだけでなく、結果としてパソコンメーカーに対して影響力を保持するという、もう一つの目的をもっていることは明らかである。

成分型ブランドの主なターゲットはメーカーや流通会社、事業所、官庁である。エンドユーザーの場合もあるが、その企業の事業を円滑にすすめるのに必要とされる範囲で選ばれる。

顧客接点型ブランド

三番目は、サービス型事業の「顧客接点型ブランド」である。「サービス型事業」とは、顧客に商品（サービス）を購入してもらう場合、顧客との何らかの人的な接点が必要とされる事業で、ファーストフード、ホテル、旅行会社がこの典型である。車のディーラーのようにモノを売る仕事であっても、アフターサービスが欠かせないタイプの事業もここに含まれる。

人的なサービスが欠かせない顧客接点型ブランドでは、従業員の接客態度やサービスカウンターの環境づくりも含めたブランド管理が必要で、その戦略課題は、顧客の満足感を上げることである。つまり、顧客が五感で感じるすべてにわたって、そのブランド性が貫徹していることが求められる。

たとえば最高級ホテルの一つ「リッツカールトン」は、従業員に対して「紳士淑女に奉仕する紳士淑女であれ」と指示している。ホテルでは、そこに働くすべての人がブランドを体現しているとみなされるからである。

顧客接点型ブランドでは、いくら広告でブランドのイメージを上げても、店頭サービスやアフターサービスが悪ければよい評価は得られない。アメリカでトヨタがLexus（日本名セルシオ）ブランドを成功させているのは、車のつくりのよさもさることながら、優秀なディーラーが優れたサービスを提供しているからである。

顧客接点型ブランドの管理で中心となるのは、顧客とのコミュニケーションを通じて、顧客がサービスの質をより高く受け止められるようにすることである。というのは、顧客は提供されるサービスの質をすぐに客観的に評価できるわけではないからだ。

たとえば、マクドナルドは笑顔による接客を重視しているが、これも「従業員は常に笑顔で顧客を迎える」というマクドナルドの理念がさまざまな形のコミュニケーションにより、前もって顧客に伝わっているからこそ、笑顔が効果をもつのである。

顧客接点型ブランドのコミュニケーションのターゲット層は、まず顧客であり、同時に従業員である。提供されるサービスの質を顧客がより高く受け止められるように情報をインプットすることが必要であるとともに、従業員にそのブランドの理念が浸透するように広告や社内教育を通じた活動が欠かせない。

第7章 ブランド戦略の応用課題

「事物そのもののなかに幸福があるとするのは、大変な誤りなのです。幸福というものは、事物そのものについて人間が抱く意見しだいになるのです」――エラスムス『痴愚神礼讃』渡辺一夫訳 岩波文庫

1　ブランド価値の測定

うちの社のブランド価値はいくらか？

ブランド価値を測定する問題は、もっともよく議論され研究も盛んな領域である。「ソニーブランドの価値はX兆円だ」といった話はわかりやすいし、ブランドはそんなに高価なものなのかというジャーナリスティックな関心を引くテーマでもある。企業の経営陣にとっても「うちの社のブランド価値はいくらなのだろうか？」ということは大きな関心事だろう。

今日ではインターブランド社の「ブランド価値評価」をはじめとして、さまざまな評価方法が提案されている。図11は財務会計の立場から見たブランド価値の評価方法である(以下の記述は、岡田依里・福田淳児「業績指標としてのブランド価値測定」『ブランド構築と広告戦略』と、斎藤治彦「ブランド価値評価アプローチ」『企業会計』二〇〇二年九月号をもとにしている)。

まず、①「残差アプローチ」とは、企業の時価総額から純資産簿価を差し引いた金額である。時価総額は株価をベースとして算出されているので、市場の評価額からバランスシートに計上されている資産額を差し引いた金額をブランド価値と考える方法である。
たとえば、ある企業の発行ずみ総株数が一〇〇万株あり、現在の株価が一株あたり一万円だったとすると、その企業の時価総額は一〇〇億円になる。その企業が保有するバラン

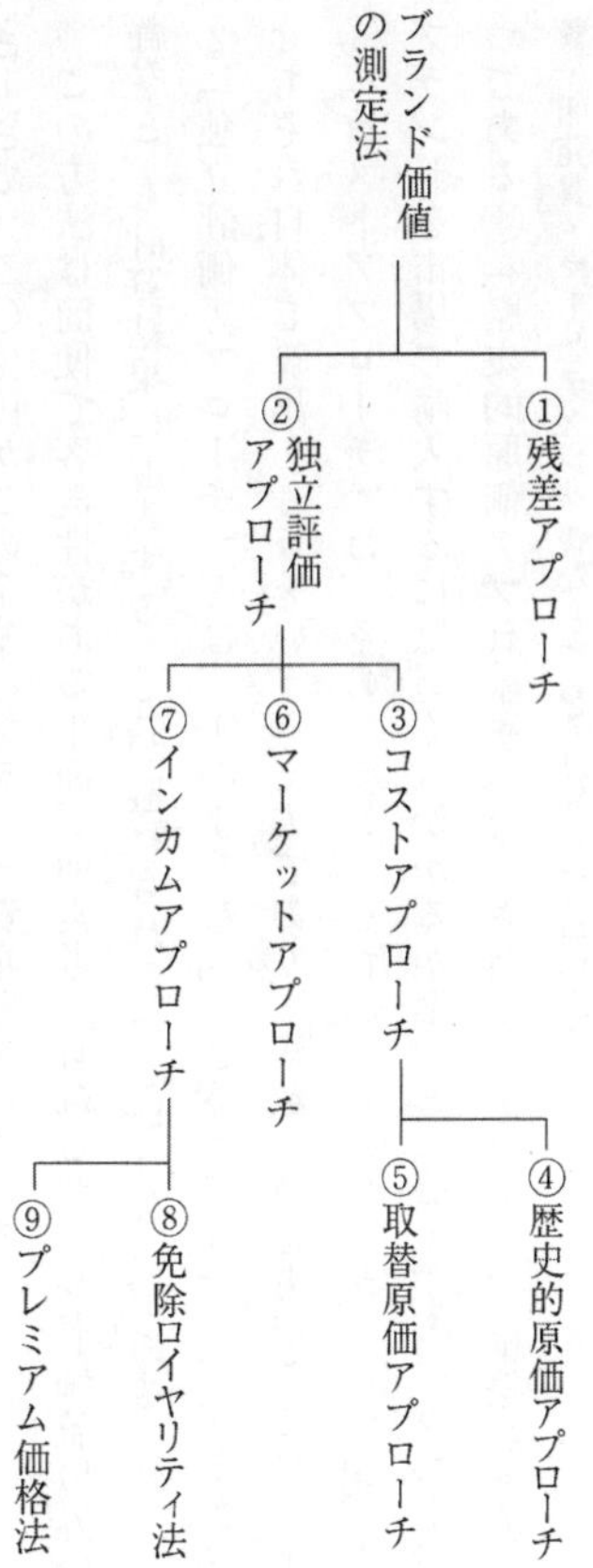

（本図は斉藤治彦氏の記述をもとに筆者が作成した）

図11　財務会計の立場から見たブランド価値の評価方法

スシートに記載された資産（土地・建物・設備など）総額が八〇億円だったとすれば、100－80＝20で、二〇億円がこの企業のブランド資産とみなされる。

この方法は簡便で客観性がある半面、通常考えられるブランド価値以外の無形資産（特許など）も計算結果に混入することが避けられないという欠点がある。

②「独立評価アプローチ」とは、①のような「引き算」ではなく、ブランド価値を独立させてそれ自体で算出しようという考え方であり、複数の考え方がここに含まれる。

③「コストアプローチ」は、そのブランドを育成するのにかかった金額、あるいは同種のブランドを市場で購入するにはいくらかかるかをもとに算出する。コストアプローチの一つである④「歴史的原価アプローチ」は、それまでのブランド構築にかかった費用（広告費・開発費・マーケティング費など）を計算して算出する。

たとえば一つのブランドについて、創業以来二〇年間に、初期の開発費用が一〇〇億円、毎年二〇億円を広告とプロモーション費に使ってきたとすれば、100＋20×20＝500で、この五〇〇億円がブランド価値になる。

コストアプローチでは、算出された価値（過去のブランド価値）が、果たして現在のブランド価値と同じかどうかは疑問が残る。

⑥「マーケットアプローチ」とは、企業の金融市場価値からブランド価値を導き出す方法

である。具体的には、市場で取り引きされた類似ブランドのケースを使って評価する。この方法では実際に類似ブランドの取り引き事例が入手できるのか、また比較するブランドが適当かどうかは疑問の余地がある。

⑦「インカムアプローチ」はブランド資産がもたらすであろう超過収益、または正味利益（キャッシュフロー）を現在価値に換算することでブランド価値を求めようとする方法である。

現在提案されているブランド価値測定の考え方の多くは、このインカムアプローチを採用している。つまり、将来にわたってそのブランドのプレミアム価値によってもたらされる総利益を算出し、そのうえで何らかの割引率を用いて現在価値に直したものをブランド価値として考えるのである。

たとえば今後一〇年間にわたって、あるブランドからもたらされる総利益を一〇〇億円と見込んだとしよう。その間のインフレや金利を考えあわせると、そのブランドの現在価値は一〇〇億円よりも少なくなる。そこで、見込み総額に何らかの「割引率」をかけて、たとえば八〇億円という金額を算出し、それをブランド価値にしようというのが、この考え方である。

インカムアプローチ法には、もしそのブランドをもっていないと仮定したとき支払うべ

ランク	ブランド	ブランド価値（単位：米国ドル）
1	コカ・コーラ	696億
2	マイクロソフト	641億
3	IBM	512億
4	GE	413億
5	インテル	309億
6	ノキア	300億
7	ディズニー	293億
8	マクドナルド	264億
9	マルボロ	242億
10	メルセデス	210億

（インターブランド社とJPモルガン・チェース社のデータによる）

表3　「ビジネスウィーク」誌による2002年世界のベストブランド

きロイヤリティ（ブランド使用料）をベースにした「免除ロイヤリティ法」、ブランド製品とノン・ブランド製品との価格差を利用した「プレミアム価格法」がある。

世界的にもっとも早い時期にブランド価値測定法を提案したインターブランド社の採用しているのは後者である。

日本では、二〇〇一年一〇月に発表された伊藤邦雄（一橋大学教授）による「CBバリュエーター」がある。ここではアンケートの結果と財務データを組み合わせてブランド・スコアを算出し、さらにブランド価値を金額に換算することが行われている。

また二〇〇二年に発表された経済産業省の「ブランド価値評価モデル」は、客観的な財務データのみを用いてブランドがもたらす競争優位性を価格の優位性、高い顧客ロイヤルティ、ブランド拡張力という三つの「ドライバー」

(ブランド価値の構成要素)でとらえ、ブランド価値はこの三つのドライバーの積として算出されている。

これらの手法を用いて算出した企業ブランド価値のいくつかは公表されている。たとえば、「ビジネスウィーク」誌は表3のような「世界のベストブランド」を発表している。

ブランド価値の評価にはノウハウが必要

金額で測るこれらのブランド評価法は、正確に測定されたブランド価値がなければ、正しくそれを管理できないとする現代的な企業管理の原則に合致している。

しかし、これらに議論の余地が残っていることも事実である。一つには、財務会計の立場とマーケティングの立場とはブランド価値について異なる必要性をもっていることである。

財務会計の立場では、ブランドが価値をもつならば、他社から購入したブランドだけでなく、自社が育成したブランドも、株主から正当な評価を得るために円やドル価格で評価してバランスシートに反映させる必要がある。

マーケティングの立場からすると、ブランド評価は、ブランドを管理し、その価値を高めるために行われる。しかしこの目的からすれば、測定されたブランド価値を必ずしも貨幣金額という一つの尺度で測る必要はない。

ブランド価値をマーケティングの立場から管理しようとする場合、貨幣金額のほかに、知名度、連想、顧客ロイヤルティ、知覚品質など、複数のモノサシが必要である。もちろんこれまでの尺度だけでは不十分なので、これからもブランドを測定する尺度を積極的に開発する必要はある。

しかし、肝心なことは複数のブランド価値尺度を用いながら、それらを自社と業界の状況に合わせて組み合わせて使っていくことである。

これからのブランド価値管理に必要なのは、こうした自社に合ったブランド尺度の開発と、データを組み合わせて分析し、それを実践に反映していくためのノウハウであり、そうしたノウハウを育成する企業だけがブランド力を伸ばしていくことができるだろう。

2　グローバルブランド戦略

世界標準と地域適応のミックス

グローバルなスケールでブランドを構築するためには、どのような戦略を取るべきなのだろうか。

マーケターならば誰でも「コカ・コーラ」や「マクドナルド」のように世界的なグローバルブランドをもちたいと思うものだ。しかし、世界には国や地域で異なった消費スタイルや文化があるから、それに従ってそれぞれの地域にふさわしいローカルなブランドがあればよいという考えもある。

長い間、国際マーケティングの分野で議論になってきたのは、国際的に「標準化」されたマーケティング活動がよいのか、それともそれぞれの国や地域にふさわしい「適応化」した活動がよいのかということであった。

しかし近年では、世界的に完全に統一されたマーケティングは存在しないし、また逆に完全にローカル事情に合わせたマーケティングも存在しないということが明らかになっている。

ブランドで言えば、グローバル化しやすいマーケティング要素（ブランド名やロゴ・マークなど）がある一方で、グローバル化しにくい要素（営業組織や食品のテイストなど）もある。現実の多国籍企業のブランド活動は、それらのミックスなのである。

実際のビジネスでも、コカ・コーラのように世界標準のマーケティングで知られていた企業が近年は広告をローカル化するという動きがある一方、航空機やホテル、ＩＴ産業のように世界標準化マーケティングを強めている業界もある。

現在の国際マーケティングの課題は「どのようにしてグローバルとローカルの要素を融合させてマーケティングの効果・効率を最大化するか？」というように要約できるだろう。

したがって、グローバルブランド戦略を定義すれば、「グローバルな経験や資源を活用しながら、顧客のブランドへの知覚を世界規模で可能な限り共通化することによってマーケティングの効果と効率を最大化するための戦略」ということになる。

「そのやり方はここでは通用しない！」

しかし、この戦略をグローバル企業が実行しようとしても、いくつかの問題が出てきて、簡単にはいかない。

第一の問題は、グローバルな経験をそのままローカル地域で実行することは容易ではないことである。たとえば、ある一つの地域で成功したマーケティング戦略を他の地域に移植する場合、そこには言語や距離のカベだけではない、いわゆる「ＮＩＨ症候群」（Not

Invented Here＝そのやり方はここでは通用しない、とローカル担当マネージャーが思い込む傾向）が必ずある。

ローカル担当のマネージャーは自分の担当地域は世界のどこにもないような特殊な地域であると思い、またそのように本社に対して主張しがちである。たとえば、日本担当マネージャーは「日本の消費者は世界でもっとも厳しい品質に対する目をもっている。他の地域の経験など役に立たない」と主張するのである。

第二は、本社とローカル担当者との対立から、ローカル担当者のモチベーション（やる気）が落ちるという問題である。本社がいくらローカル担当者を説得したとしても、担当者が喜んで本社の戦略を実行するとは限らない。本社が強要したとすれば、ローカル担当者はやる気を失ってしまうだろう。

第三は、どのようにしたら各地域の担当者はグローバルな組織のなかで責任を分担しあうことができるかという問題である。組織は大きくなればなるほど、「集団的手抜き」が生じる可能性がある。

マーケティング論のG・ハンキンソンたちはこうした国際マーケティングにつきものの問題を「目的のトライアングル」という図で表している（次ページ図12）。

つまり、こうした目的を同時に解決することがグローバルブランドの管理では求められ

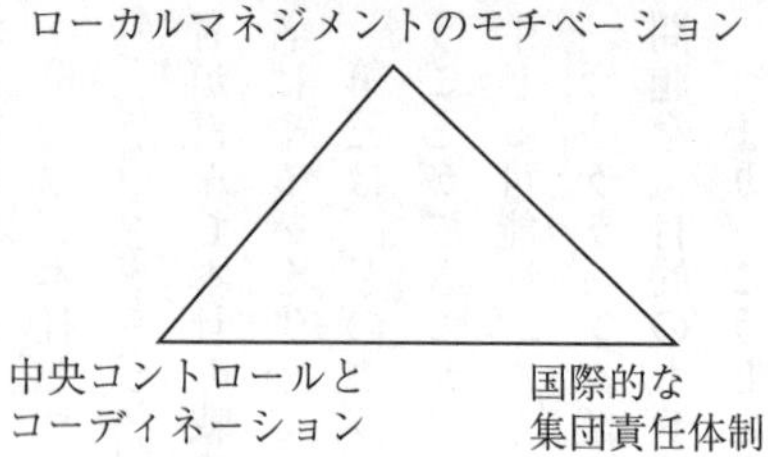

（ハンキンソンとコーキング、*The Reality of Global Brands*, 1996, 210頁より）

図12　グローバルブランド管理における「目的のトライアングル」

ていることになる。

問題を解決するのは組織改善

こうした問題に対処するには、まず組織を改善する必要がある。伝統的なグローバルブランド管理では、次ページ図13のような「巨大ピラミッドモデル」と呼ばれる階層組織が代表的なものだった。

こうしたピラミッド状の組織では、各地のローカル組織は本社のコントロール下に置かれている。コストの削減はできるが、組織としては柔軟性がなく、ローカル担当者のモチベーションは高まらず、集団的な責任体制などは生まれようもなかった。

このような階層的組織はほかに、「アンブレラ組織」と呼ばれる組織モデルがある。これは本社にブランド戦略を考える部署があるが、各ローカル組織は本社から相対的に自立しており、それぞれが担当地域にあった戦略を個別に取っているような組織である。ネスレのように国や地域によってテイストの違いがあるような企業では、このような体制が取

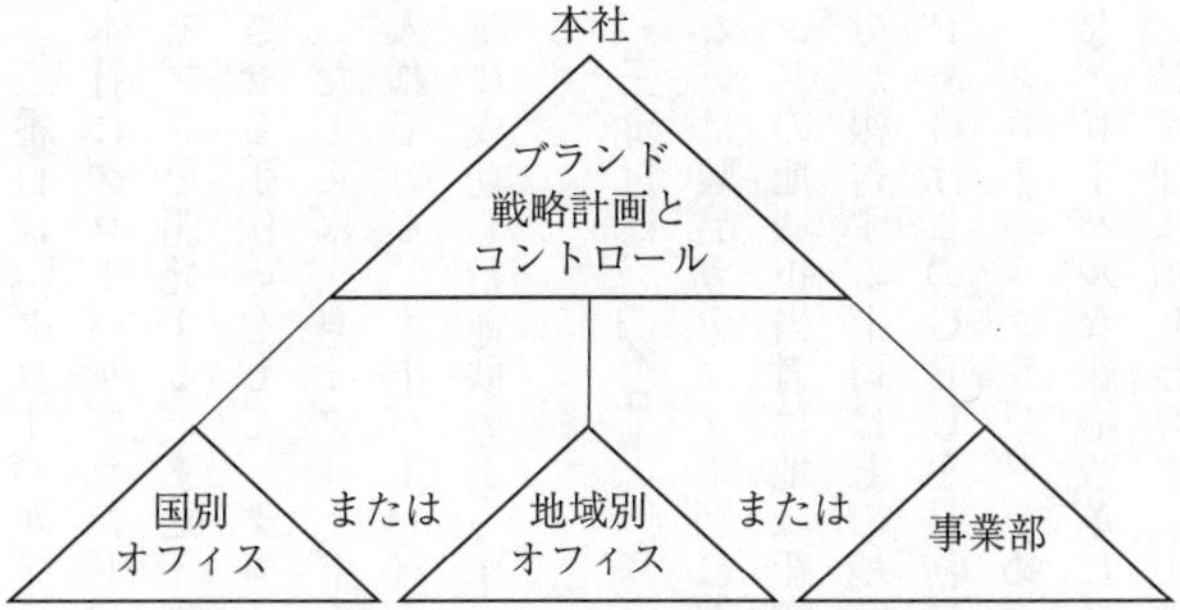

図13　伝統的なグローバルブランド管理の「巨大ピラミッドモデル」

られてきた。

しかしアンブレラ組織は、極端な場合、グローバル企業であっても実際には個別ブランドの集合体にすぎないため、グローバルブランドの優位性を活《い》かすことはできにくかった。

そこで、こうした組織の欠点を補うさまざまなシステムが試みられてきたが、そのなかでも次の三つが注目されている。

一番目は「リード・カントリー・システム」である。これは、一つの製品カテゴリーやブランドにおいて主導的な立場にある国（リード・カントリー）の組織が、責任をもって自国内のマーケティングを推し進めるシステムである。たとえばユニリーバでは、スキンケア化粧品のリード・カントリーはスキンケアの消費が多い日本であり、開発からマーケティングまでを日本リーバ社のスタッフが仕切ることになる。

二番目は「グローバルブランド・コーディネーション・システム」である。この場合、本社にグローバルブランドの開発を助けるチームを置き、守るべきブランドの指針やコンセプトを開発する。また、成功したマーケティングプログラムを世界のほかの地域に普及させる手伝いをして、グローバルな知識をローカル組織に浸透させる役割を果たす。

たとえば、ヨーグルトで有名なダノン社は「オーバーレイ・マネージャー」制度を取り入れている。オーバーレイ・マネージャーの任務はブランドの基本的な仕組みを定め、同時に成功した地域でのマーケティング戦略を他の地域に展開する手助けをすることにある。

三番目は、「グローバル・ビジネス・ユニット」(GBU)である。これはブランド別あるいは製品カテゴリー別にグローバルな組織をもつシステムである。たとえば、あるブランドの地域担当者は地域組織に属しているが、同時にグローバルな組織に属しており、自分が報告する上司はその地域の上司ではなく、外国にいるGBUの上司であったりする。P&GはこのGBUを最初に採用した企業である。

グローバルブランドをめぐる動きは近年加速しているが、日本の消費財企業はこのようなグローバルな組織改革に必ずしもうまく追いついていない。日本企業のグローバルブランド管理は相変わらず「現地最適主義」であって、グローバルな管理ができるだけの人材や組織文化が育成されている企業はまだ少数である。

3　ブランド効果の本質

ブランド力の源泉は何か？

ブランドをめぐる最大の問題の一つは、ブランドはマーケティング活動にどのような効果があり、なぜブランドがそのような効果をおよぼすことができるのかという問題である。

ある意味で、このような問題設定は意味のないことと思われるかもしれない。強いブランドは消費者を「買いたい」気持ちにさせる、強いブランドは信頼があるから買われる――それで十分じゃないかといった声もある。

たとえばブランドマネジメントを初めて体系的にまとめたK・ケラーの教科書には、ブランド知識が形成される結果、顧客のロイヤルティが高まり、競合に対する弱みがなくなり、より大きな利潤が得られる……といった図式が描いてある。ここではブランド知識が高まれば、その効果が現出するという因果関係が前提になっている。

――しかしこのような見方は、「強いブランドは強い」と言っているにすぎないのではないか。実際、ブランドをめぐる研究でほとんど議論されてこなかったのはこの点であって、「ブランド力」「商品力」「技術力」などの用語もハッキリと区別されて用いられているわけではない。

「ブランド力」という用語は、近年マスコミでもしょっちゅう使われているが、それはサッカーの試合で「身体能力」や「決定力」といったことばを、意味を明らかにしないまま使っているのと変わりはない。何が本当の「ブランド力」なのか？

小野晃典（慶応義塾大学講師）は「ブランド力とその源泉」という論文のなかで、ブランド論で語られる次のような言い回しに注意を喚起している――「ブランドは、同種の製品であっても、ブランド名が付くことによって、その価値に差異を生じさせる」。確かにこのようなことは実証的な研究でも支持されているし、日常的な場面でも実感できるように思われる。

それでは、なぜブランドにこのようなことが可能なのだろうか？

ブランドの知覚品質が属性評価を変容させる

この疑問に対して筆者は、ブランドの知覚品質が属性評価を長期的に変容させる効果をもつからだと考えている。

科学哲学者のノーウッド・ハンソンは『知覚と発見』のなかで次のように言っている。「あるものをXとして見ることは、それがXが行うあらゆる仕方で振舞うことを期待しうるだろうということを見ることなのである。その振舞いがXに期待されていることと一致しないことがわかれば、これ以上それをXとして見ることは難しくなる」(野家啓一・渡辺博訳　紀伊國屋書店　一九八二年)

われわれがモノを見るときは、「ナマの」事実を見ているわけではない。常に何かの知識や期待をもってモノを見ている。ハンソンは、科学者の観察は「理論負荷的」、つまり明らかになっている理論をもとにして現象を見ることだと論じているが、これは消費者にもあてはまる。ブランドは消費者にとって、いわば商品世界を見る「理論」の役割を果たしているのである。

序章でも述べたように、ブランドはその製品が誰によって売られているのかの手がかりを与える。消費者は、その手がかりと経験から製品を買うべきかどうかを決める。

しかし問題は、そのブランド製品が買われた先にある。それは購入されたブランド製品を使用する場面におけるブランドの役割である。

ブランドは使用場面でどのような効果をもつか

これまでブランドの役割は、ほとんどが購入場面に限られて研究されてきた。ブランド名が知られ、豊かな連想をもっていることが購入意思決定のプロセスにおいて有効にはたらく……。確かにそのとおりであるが、それではなぜブランドが繰り返し買われる効果をもっているのだろうか。

この点を見るには、ブランドが使用場面においてどのような役割を果たしているかを見なければならない。

方波見《かたばみ》麻紀と筆者は、次のような実験を行った（方波見、法政大学大学院修士論文、二〇〇二年）。スキンケア化粧品を被験者グループに一週間続けて使ってもらうのである。

被験者グループは二つあり、一つのグループには、その化粧品についての「高い知覚品質」情報を与えた（フランス製、高級なモデル、説明に用いられた写真や文書の高品質感など）。もう一つのグループには「低い知覚品質」情報を与えた（マンガのイラスト、安っぽい文書の質など）。実際には両グループに与えた化粧品は同じ質のもので、化粧品の機能的なベネフィット（効用）にも違いはなかった。

この化粧品の品質評価ポイントは、直接的な属性（使用者が直接感じる属性で、使い心地がいい、気持ちのよい香りなど）、間接的な属性（使用者が直接感知することがない抽象化された評価で、安全な、信頼できそうなど）、態度指標（好き、満足したなど）の三つである。

実験の結果は、図14、図15、図16に示したように、直接的な使用感評価、間接的な使用感評価の両方にわたって知覚品質は影響を与えていた。つまり、高い知覚品質情報を与えられたグループでは低い知覚品質情報グループよりも、一週間後の評価が有意に上昇して

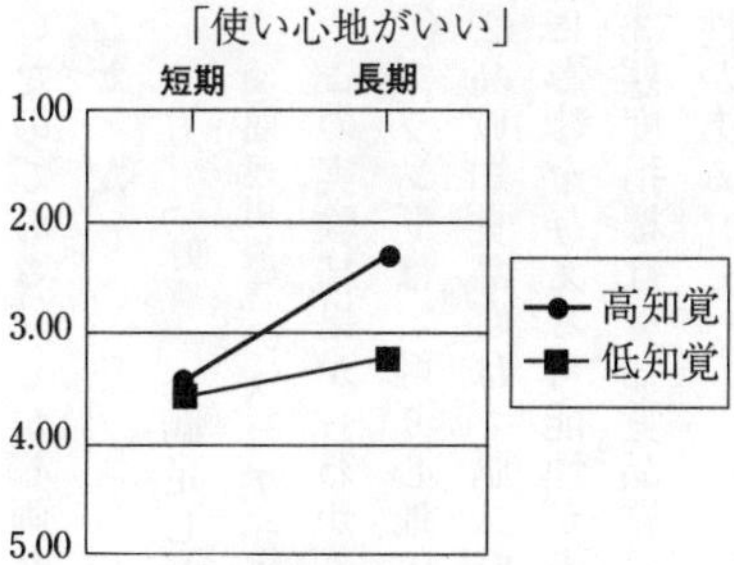

図14　直接的な使用感評価

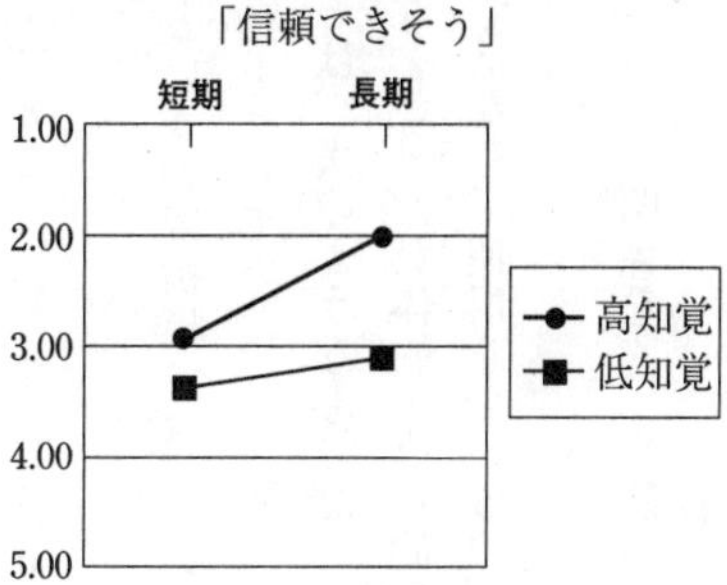

図15　間接的な使用感評価

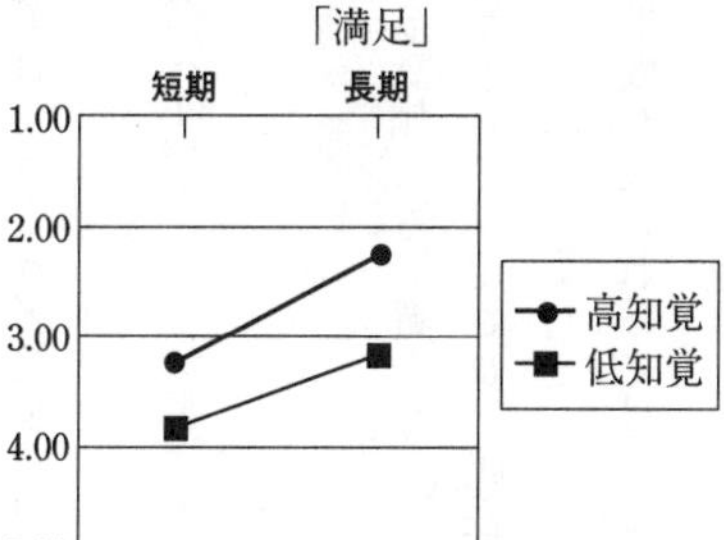

図16　態度評価

いたのである。しかし両グループとも、短期（その場の評価）では、ほとんど評価には差がなかった。

一方、「好き」「満足した」という態度指標では、二つのグループとも、短期より長期（二週間連用後）のスコアが有意に上昇していた。

この実験結果からわかることは、次のようなものだ。

①ブランドは、触り心地・香りといった具体的・直接的な製品評価にも影響を与える。

②高い知覚品質は、購入時点ではなく、使用している間に情報として利用され、属性評価に影響を与える可能性がある。

③態度指標は、知覚品質のレベルとは関係なく、実際の使用期間が長ければ上昇する可能性がある。

つまり、高い知覚評価という情報があらかじめ与えられていると、その情報は、そのブランド製品を使っているうちに使用している感触や知覚に影響を与え、その知覚の属性評価を高めていくと考えられる。

こうした結果を見て、ブランドが人をそそのかしたと考えてはいけない。一つには、人間にとって純粋な感覚判断がきわめてむずかしいということがある。むしろ人間は、さまざまな情報に自分の感覚を織り交ぜて判断すると考えたほうがいいのかもしれない。そし

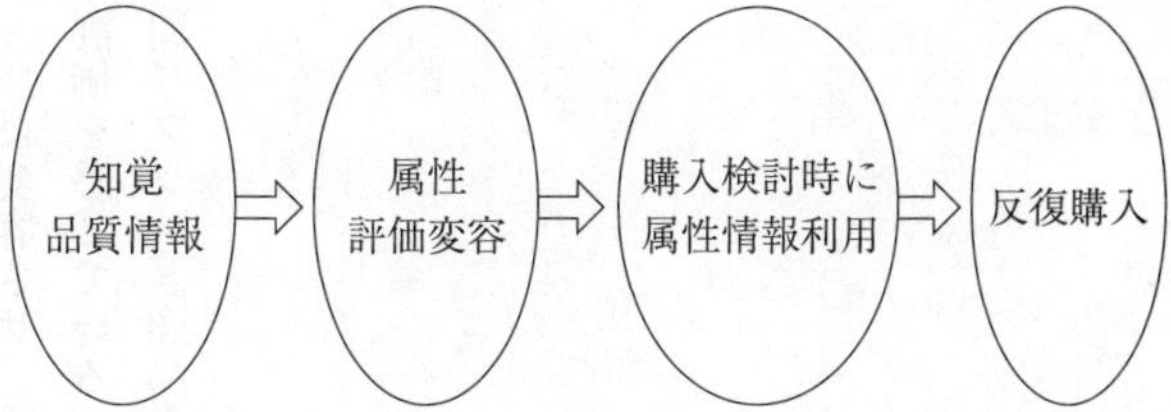

図17　知覚品質による属性変容効果プロセス

て、人間は常に自分が接する対象をある「理論」（情報の枠組み）で見たり感じたりする。そのときに知覚品質という情報は、その感じることに影響を強く与える促進要因になりうるということなのだ。

もちろん商品を買ってもらいたいとき、サンプリングなどの手段を用いて「一度使ってもらえれば、そのよさがわかりますよ」と宣伝することはある。しかしこの実験結果では、よくないと思っている質の商品では、長く使っても属性への評価は上がらないのである。

図17のように、知覚品質という情報は、抽象的な味や化粧品を使った感じなどの属性評価に影響を与える。長く使うことによって、ますます消費者はその属性を確信するようになるのである。

こうした筆者の考えは、まだ理論的な仮説にすぎないが、知覚品質が企業の成果指標に影響を与えていることは実験結果から理解することができる。

高い知覚品質をもったブランドは、長期的に属性評価をポジテイブに変容させ、購入の機会が来たときに効果を発揮する。このため、消費者は高い属性評価を感じているがゆえに、より高い価格でも支払おうとする。こうした結果、消費者は同じブランド商品を繰り返し購入すると考えられるのである。

第8章 ブランドのケース・スタディー

ケース・スタディー❶ ヒューレット・パッカード（HP）——ITの老舗《しにせ》ブランドの再生

「HPウェイ」

HP（ヒューレット・パッカード）社は、デービッド・パッカードとビル・ヒューレットが一九三九年にカリフォルニア州パロアルト市に創業したIT企業の老舗《しにせ》である。二人が事業計画を練った古いガレージは、カリフォルニア州によって「シリコンバレー発祥の地」に指定されている。

無線機器の開発を中心にした二人の会社は、第二次世界大戦中に軍から発注を受けて急成長し、戦後も朝鮮戦争の影響や測定機器の成功によって業績をさらに伸ばした。

HPは「HP《エイチピー》ウェイ（HP流）」と呼ばれる家族主義的な企業文化をもっていることでも知られていた。それは従業員による責任の共有であり、企業所有権・利益・機会・負担の共有でもある。八〇年代には、HPはエクセレントカンパニーとして賞賛される優良企業に成長した。

しかし、優良企業であったHPもインターネットの影響を受け、九〇年代の後半から業績が急激に落ち込んだ。

「米国最強の女性経営者」の登場

九〇年代半ばまでは年二五パーセントの成長を続けたHPも、九七年からは対前年成長率が一けた台に落ち込んで、伝統的なHPウェイも見直しを迫られていた。そこへ登場したのが、大手の通信機器製造会社ルーセント・テクノロジーの経営建て直しに辣腕《らつわん》を振るい、「米国最強の女性経営者」と称された「カーリー」である。

カーリー(カールトン)・フィオリーナがHPのCEO(最高経営責任者)に就任したのは九九年七月のことである。女性経営者が珍しくない米国でも、「フォーチュン」誌トップ五〇〇企業の一つで、売り上げが年五〇〇億ドル(約五兆円)の大企業で四〇代の女性がトップになったのは異例なことだった。

CEOに就任したカーリーがまず行ったのはHPの組織改革で、それまで八三あった事業部を一二に整理し、かつシンプルな組織につくり替えることだった。その一つが「カスタマー・フェーシング・オーガニゼーション」(顧客対応型組織)であり、もう一つが「プ

図18　HP組織改革の考え方――製品中心の事業部制から顧客と技術中心の組織へ

ロダクト・ジェネレーション・オーガニゼーション」(製品創造型組織)である(図18)。前者は消費者向けと法人向けとの二つに分かれ、後者は①コンピュータ(PC、サーバー、UNIX)、②イメージング(スキャナー、デジタルカメラ)の事業部門に分かれて、それぞれが利益責任を負うことになった。

同時に彼女は別会社を設立して、そこにHPの伝統芸とでもいうべき計測器や電子部品、分析機器の製造・販売を移管した。これからのHPで主力とすべきなのはコンピュータやインターネット事業だという判断があったためである。

このような改革の結果は二〇〇〇年に早くも表れた。他社のCIO(企業情報担当役員)に対する調査で、「付き合い続けたい企業」のナンバーワンにHPが選ばれたのである。逆に「絶対に付き合いたくない企業」のなかにHPをあげるCIOはゼロとなった。

インターネット事業の新展開

カーリーの行った改革は多方面にわたるが、そのなかでも重要な改革は二億ドルを使ったHPブランドの再構築である。ブランドといっても、イメージをよくするだけでなく、事業のやり方をHPブランドの理念で統一するのが、再構築で求められた考え方である。これをHPが力を入れようとしているコンピュータ事業の面で見てみよう。

HPは、プリンターでは世界のリーダー的地位にあるが、コンピュータメーカーとしても世界第二位であることは日本ではあまり知られていない。サーバーではコンパック、デルに次いで第三位であるし、パソコン市場では二〇〇〇年度第二四半期にコンパックを抜いて第一位になっている。

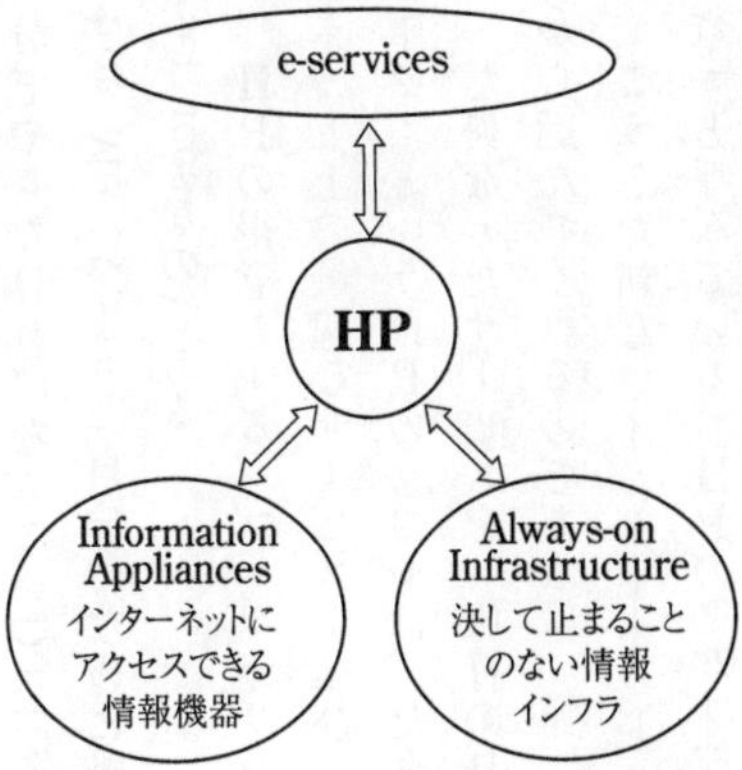

図19　「e-services」の概念図——情報機器と情報インフラに支えられるインターネットサービス

新しいHPのコンピュータサービス事業は「e-services」というキーワードでくることができる。これは図19に示したように、インターネットにアクセスできる情報機器と、UNIXやサーバーなど信頼性の高い情報インフラの二つの要素で支えられている。

現在、インターネットはユーザーが何でも自分でやらなければならないDo-It-Yourselfのようなものになっているが、これをDo-It-For-Me　つまり「自分のために働いてくれるインターネット」に変えるのがＨＰのe-servicesなのである。

ＨＰの得意とする「ブローカリング」という技術がある。これは、簡単な操作によってネット上の最適なサービスを結びつける技術のことである。この技術を使った「イースピーク」というＨＰのソフトは、たとえば旅行するとき航空会社とホテルとレンタカーといった異なったサービスを、旅行の日時を指定するだけで最適な組み合わせを別々のサイトから選んでくれるのである。

こうした新しいインターネットサービスを、カーリーは「インターネット時代の第二章」と呼んでいる。ＨＰのe-servicesは、インターネット社会の次のステップを志向したものなのである。

ＨＰのブランド構築

ＨＰは世界的なＩＴ企業であり、ブランドコンサルティングで有名なインターブランド社によれば、ＨＰブランドはグローバルブランドの第一三位にランクされる。

しかし、先ほど述べたe-servicesという考え方からすれば、ＨＰをもっと親しみやすく、革新を期待できるようなブランドにつくり替えなければならない。そこで始められたのが、HPの企業ブランド価値を高めるための「invent（発明）」キャンペーンである。雑誌広告では、ヒューレットとパッカードの二人がシリコンバレーでHPを創業した当時を彷彿《ほうふつ》させる古いガレージに灯りがともる写真が用いられ、創業以来のHPのベンチャー精神を「invent」という言葉で示している。

HPのブランドコミュニケーションは図20のような四つの層から構成され、それぞれが関連しあって全体のコミュニケーションを統合化している。九九年のスタートからは上の二つの層を中心にコミュニケーションを行い、現在はそれが下の二つの層にまで広がってきている。

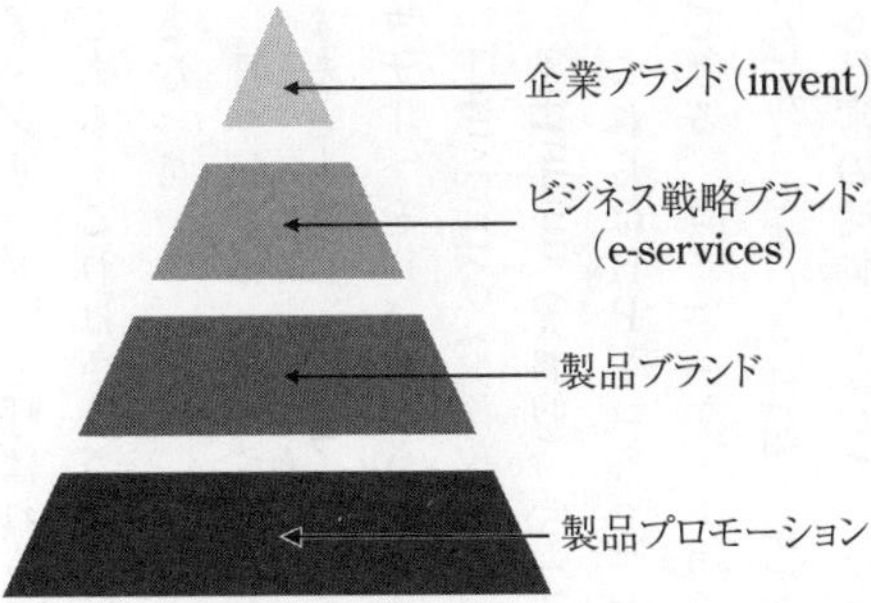

図20　HPのブランドコミュニケーションの考え方

日本においてHPは、企業イメージづくりと同時に企業認知度を高める工夫をしなければならなかった。もともとの「ヒューレット・パッカード」という長くて覚えにくい社名を、日本では単に「エイチ・ピー」と読むことにしたのは、その一例である。

HPの事業をビジュアル的に統一するために、「アイデア・グリッド」と呼ばれるコミュニケーションのデザインを用いていることも一つの工夫である。これはさまざまな広告に用いられてＨＰの広告であることがすぐにわかる仕掛けとなっている。

日本ＨＰは、社内にブランド委員会を作り、ロゴの位置などの商標デザイン管理を徹底するとともに、「ブランド・ブック」を使ってコミュニケーションを行うときの「コア・マナー」を以下のように定めている（翻訳はＨＰ公式のものではない）。

①Inventive（発明のスピリット）、②Optimistic（楽天主義）、③Inclusive（包括的）、④Human（人間的）、⑤Trustworthy（信頼）、⑥Quality Conscious（品質に敏感）

これらはＨＰがコミュニケーションを行うときの「トーン」を表したものということができる。コミュニケーション担当者に対しては、社内研修などを通じてブランドを社内に「伝道」していく仕組みができている。また、ＴＣ（Total Customer Experience）と呼ばれる日常の活動のなかで、ブランドをプロミス（約束）として顧客に対して提示できることが強調されている。

ＣＥＯのカーリーはＨＰの企業改革を「旅（ジャーニー）」になぞらえるとともに、こう言っている。「ベストなものは残し、それ以外は創り出せ」（Preserve the best, Reinvent the rest.）と。

企業改革もブランド構築も、何を残し、何を作り替えるのか、その見きわめが大事である。ブランドはこのために大きな役割を果たす。HPブランドのよい点は残し、「インターネット時代の第二章」に合わせて新たにHPブランドを作り上げていく部分もある。HPは二〇〇二年にパソコンの大手、コンパックと合併して、新しいIT企業のあり方を求めてさらなる前進を続けている。

ケース・スタディー❷ 日本リーバの「ダヴ」——グローバルブランドの成功

1 ユニリーバというグローバル企業

ユニリーバは日本ではそれほど知られていないが、一九三〇年にイギリスの石鹸メーカー、リーバ・ブラザーズとオランダのマーガリンメーカー、マーガリン・ユニとが合併してできた食品・トイレタリー企業で、世界八八ヵ国に三〇〇以上の営業会社をもつグローバル企業である。

日本リーバはユニリーバの日本法人で、六四年にユニリーバと豊年製油との合併により、豊年リーバ（株）としてスタートを切った。マーガリンの「ラーマ」はこのころに発売されている。その後、石鹼の「ラックス」を輸入したのを皮切りに、次第にトイレタリー商品が増え、八二年に現在の日本リーバ（株）に社名を変更した。

日本リーバの有力ブランドには、「ラックス」「ポンズ」「ヴァセリン」「レセナ」「モッズ・ヘア」「ジフ」「ファーファ」「ドメスト」「サーフ」「リプトン」「ブルックボンド」などがある。このようなブランド名をあげれば、誰もが「あれも日本リーバだったのか」と驚くことだろう。日本リーバは、強い個別ブランドで成功している企業である。

八〇年代の日本リーバで大ヒットとなったブランドは、シャンプーの「ティモテ」である。北欧的な風景のなかで髪を洗う金髪女性のテレビCMは、ティモテをシャンプーのトップブランドに押し上げるのに貢献した。

ティモテの成功が物語っているように、ユニリーバグループの強みは強力な個別ブランドを世界の各地で構築し、長年にわたってブランドを育成しつづけるその姿勢とノウハウにある。

2 石鹸ダヴの日本導入戦略

「ダヴ」の開発

日本リーバが石鹸の「ダヴ」を日本で発売したのは九九年であった。しかし、ダヴがアメリカで発売されたのは五七年のことである。もともと第二次大戦中にアメリカ政府が「刺激を与えない安全な石鹸」の開発をユニリーバに依頼をしたのがはじまりといわれている。「ダヴ」とは平和の象徴であるハトを意味している。

ダヴの基本的な製品処方は、五七年の発売当初から変わっていない。それは「うるおい成分のモイスチャーミルクを四分の一配合する」という処方である。

ペンシルバニア大学名誉教授で皮膚病学者のクリーグマン博士によれば、ダヴはマイルドさを主張した世界初の石鹸であり、同時にその有効性が客観的に認められた石鹸であるという。アメリカでは皮膚科医の七〇〜八〇パーセントが敏感肌の人にダヴを推奨しているという事実もある。

ダヴがアメリカ以外の国ではじめて大きな成功をおさめたのは八九年のイタリアで、ユニリーバは九一年にはダヴを世界戦略商品として位置づけた。アメリカ市場でダヴは、九二年から市場シェアでトップの地位にあり、ヨーロッパでも九三年に第一位になって以来、ずっと市場のトップシェアを占めている。ダヴが日本市場に登場したのは、このような世界的成功を背景としてであった。

しかし日本には、欧米とは異なる市場特性がある。どのようにしてダヴは日本市場で成功したのだろうか。

製品戦略

日本導入に際して決定されたのは、製品・パッケージ・広告・メディカルプログラムなどは世界のほかの地域と同じようにするということである。したがって、「成分の四分の一がモイスチャーミルク」「お肌のうるおいの実感を約束します」といったグローバルなコンセプトステートメントは、そのまま日本でも用いられることになった。

九九年に日本に導入されたのは、洗顔フォームとモイスチャーソープの二種類だった。日本の石鹼市場には欧米と異なった特徴がある。石鹼は贈答品に使われることが多く、消費者はしょっちゅう石鹼を買うわけではない。

そこで日本市場で導入の中心となったのは洗顔フォームであった。このカテゴリーは日本独特のもので、日本の女性は欧米から見れば神経質なくらいスキンケアに熱心である。特に洗顔については、メーク落とし、洗顔フォーム、乳液……と何種類もの製品を使い分けている。

販売前の調査によれば、日本の消費者（二〇～四九歳の女性）が洗顔料・石鹸に求めるポイントは「うるおい」が第一位であったので、ダヴのもつ特性はうってつけだった。

また消費者のニーズは「手のうるおいを守る」だった。手を洗う回数が多いために、手が荒れたり乾燥するといった悩みは、これまでの製品では十分に解決されていなかったのである。

事前のポジショニング調査によって、日本の洗顔フォーム市場には一つの大きな「穴」があることもわかった。一〇～二〇代の女性を対象とした比較的安い（一〇〇〇円以内）マス製品市場には多くのブランドが投入されているのに、三〇～四〇代の女性をカバーするブランドは高価なものしかなかったのである。

ダヴがカバーする市場は、三〇～四〇代の女性を対象とした手ごろな価格帯で、これまでほとんど競合製品はなかった。この価格帯を狙ったことがダヴの成功の一つの要因であった。

コミュニケーション戦略

ダヴの日本登場に際して、日本リーバは注目すべきコミュニケーション戦略を採用した。まず、コミュニケーションの柱となる訴求コンセプトは「今まで気づかなかった自分を見つけてください」で、このなかには「私は今日違っている」「何かを変えただけで自分を変える」「美しさに自信をもてる」……というメッセージが埋め込まれている。

新発売に際して最初に流されたCMは、「まずは七日間お試しください」というメッセージである。CMと同時に大規模に行われたサンプリングとともに、消費者にダヴを試用してもらうというクラシックなアプローチが採用された。

続いて、ターゲット層の三〇～四〇代女性がダヴを試用した感想をテレビカメラの前で語る「テスティモニアル（証言）」広告をCMで流した。とくにインパクトがあったのは「ダヴを使ったら埴輪《はにわ》のような顔が『有田焼』になった……」というある女性の証言であった。これはもちろん「やらせ」ではなく、その女性の正直な感想だった。また、リトマス試験紙を用いて、ダヴは中性であることを証明するCMも放映された。

このような優れたCMアイデアは日本だけで開発されたわけではない。リトマス試験紙を使うCMはカナダで開発されたフォーマットであるし、テスティモニアル広告もイタリアで採用された方法である。

このほかに、CMで用いられている音楽、ダヴを注ぐと王冠のように飛び散るショット（モイスチャーミルクを実感してもらう場面）、ダヴのロゴが白いバックグラウンドから浮き出てくるショット、これらもユニリーバが世界的に用いてきた共通のコミュニケーション手法であった。

日本で独自に開発されたメッセージもある。女性たちが座談会の席で「使ってみるまでは信じられない」ということを正直に話しているCMである。

ダヴのコミュニケーションでは、「客観的証明」（リトマス試験紙など）系のメッセージと、「主観的証明」系のメッセージ（テスティモニアルなど）との二種類が用いられたのが大きな特徴である。前者は短期的に採用され、後者の主観的証明CMは長期的に継続される性質のものである。

ダヴのブランド拡張戦略

日本リーバはその後、二〇〇一年九月にダヴのハンドケアウォッシュ、ヘアケア（シャンプー・コンディショナー）を発売し、二〇〇二年三月にはボディソープを発売するに至っている。

ボディソープ発売に際しても、「カラダだってうるおいが必要です」とダヴの特徴であるうるおいを基調としたコミュニケーションを行っている。これまでのボディソープは多くがファミリーユースであったが、ダヴのボディソープは三〇代以上向けのパーソナルユースというポジショニングになっている。

このような導入での成功と拡張を続けた結果、二〇〇二年になってダヴは身体洗浄料市場で第一位に躍り出た。発売から三年で競合商品を追い落としたことになる。シャンプー・コンディショナー市場でもダヴは発売三ヵ月で第三位の地位を占めた。

価格の面からもダヴはプレミアム価格を店頭で維持することに成功している。この分野では流通が安売りに走ってブランド価値を損ないがちなのであるが、流通もダヴのブランドを高く評価している結果と考えられる。

おそらくスキンケア、ボディケア、ヘアケアの三つのカテゴリーにおいて、同じブランドで成功をおさめたのはダヴだけだろう。これは、当初設定したブランドコンセプトがしっかりしていたことを証明している。なお、ダヴの日本リーバのチームは、ユニリーバ社内で成功したプロジェクトに与えられるGrowth Award（成長賞）とAdvertising Award（広告賞）を受賞している。

ダヴはなぜ成功したか

このようなダヴの目覚ましい成功には、以下のような理由が考えられる。第一は、ブランドマーケティングの基本に忠実だったことである。たとえば、テスティモニアルの手法は広告の「玄人《くろうと》」からはヤボなものとしてしりぞけられがちであるが、これは古典的かつ基本的な手法なのである。

第二に、世界各地の成功戦略に学び、それらの手法をテストしたうえで日本にも取り入れたことである。第三の理由として、導入に際して広告・プロモーション・サンプリングなどで費用を含めて思い切った資本投入を行ったことがあげられる。

外資系企業の日本参入で、もっとも障害になるのは複雑な商取引慣習である。このため、外資系企業は流通へはたらきかけるプッシュ戦略よりも、消費者に直接はたらきかける「プル戦略」を取ることが多い。日本リーバは、まさにこのプル戦略を取って成功した。

グローバル企業であっても、その経営資源を活かしきれない事例はいくつもあったが、日本リーバは世界で培《つちか》ったダヴのマーケティングノウハウを活かしながら、日本市場の特性にも合致した「グローカル（Global＋Local)」な戦略を展開した典型的な事例である。

ケース・スタディー❸

「ミツカン味ぽん」——成熟ブランドの活性化

1 「ミツカン」ブランドの発展

「ミツカン」は、お酢や家庭用調味料などで家庭の主婦になじみの深いブランドである。一九九八年に分社型カンパニー制を取り入れるまでは「(株)中埜酢店《なかのすみせ》」が社名で、創業は一八〇四年(文化元年)、二〇〇三年には創業二〇〇周年を迎えるという日本でも有数の長寿企業である。

江戸時代末期、現在の愛知県半田市の造り酒屋の次男であった初代中埜又左衛門は江戸に遊学したとき、酒粕を利用した醸造酢を江戸で販売することを考えた。この醸造酢は「ミツカン山吹」の名前で知られ、江戸前寿司に用いられるようになった。知多半島の半田から千石船で江戸まで酢を運び、それが江戸っ子の評判を取ったのである。

ミツカンの新たな飛躍は第二次大戦後に築かれた。一九五二年に七代目社長に就任した中埜又左衛門は、安い合成酢が多かった当時、「醸造酢はミツカンだけ」という広告を通じて消費者の強い支持を勝ちえたのである。

また七代目社長は、お酢をそれまでの「樽売り」から「壜詰め」の形に変更した。全面壜詰め化は五三年からで、これによって消費者が買いやすく使いやすくなっただけではない。お酢が「パッケージ商品」として小売店に登場し、ブランドとして指名買いをする環境をつくり出した。このことが有利なマーケティング戦略として機能したことは言うまでもない。

ミツカンは、いわば戦後の消費財企業におけるマーケティング先進企業として発展したのである。

2 ミツカン味ぽん――導入期から成長期へ

「ミツカン味ぽん」は、醤油と柑橘《かんきつ》果汁《かじゅう》と食酢を混ぜた複合調味料である。もともとは鍋用の調味料として発売されたものが用途を広げ、現在は年間の世帯購入率が四三パーセントという日本を代表する調味料ブランドに成長した。

味ぽんの原型となった「ミツカンぽん酢」は柑橘果汁と食酢を混合させた調味料だった。「味ぽん」はこれに醤油を配合したもので、七代目社長が博多を訪れたとき、水炊きを食べて、そのときに出されたぽん酢がヒントになったと言われている。

この味ぽんの成長は、次のようになっている。

[市場導入期](一九六四〜六九年) 発売当初の数年間、味ぽんはほとんど売れなかった。特に、ちゃんこ鍋のような「味付き鍋」になじんだ東日本では苦戦が続いた。味ぽんを必要とする鍋文化はもともと関西以西のものであった。

[第一次発展期](一九七〇〜七八年) 導入期は苦戦した味ぽんだったが、いくつかのマーケティング努力で、テイクオフするきっかけをつくることができた。一つは商品の改良で、醤油味がまさっていた味ぽんを、まろやかでライトな味に変えることにした。

もう一つの改良は流通戦略である。ミツカンは醸造酢を扱うメーカーであるから、主な流通チャネルは歴史的に関係の深い酒屋であった。しかし、アメリカを視察した七代目社長は、これからのチャネルの主導権を握るのはスーパーマーケットだと直感し、味ぽんの流通チャネルを切り換えることにした。そして味ぽんに大量陳列のような店頭プロモーション手法を取り入れることで、スーパーマーケットでの成功を勝ちえたのである。

また、それまでの呼称であった「ミツカン味つけぽん酢」を「味ぽん」に変更した。この変更によって、味ぽんはいっそう呼びやすく親しみやすいブランドになった。

3 新たな潜在需要の発見

［転換期］（一九七九年） この年、味ぽんの販売高が一時的な中だるみを見せた。当時の味ぽんは鍋用調味料として、冬場だけの商品に位置づけられていたことから、いくつかの問題を抱えていた。

第一の問題は効率の悪さで、夏場は生産ラインが空いてしまうし、営業面でも冬場商品は毎年新たに交渉し直して流通の売り場を確保しなければならない。第二の問題は返品問題である。春先にどっと戻ってくる返品が、資源の浪費と利益減をもたらしていた。さらに、鍋用調味料のマーケットが限られていることも問題であった。

これらのことから、味ぽんを「年間商品」にする必要があったが、以前から、夏場でも味ぽんの売り上げが落ちない地域があった。それは愛媛県や九州地方で、大規模な消費者調査を行ったところ、これらの地域では焼き肉・ギョーザ・焼き魚・酢の物などに、味ぽんを醬油の代わりに使っていることがわかった。

［第二次成長期］（一九八〇〜八八年） 八〇年代は、このような鍋料理以外の潜在的需要を

開発することに向けられた。ミツカン社内ではそれを「汎用需要」と呼び、鍋料理以外のメニューに味ぽんの使用を広げる計画を立てたのである。

何回かのテストを経て、「おろし焼き肉」をメニューに使った夏場のキャンペーンが八三年からスタートした。その結果、味ぽんの需要は八〇年代に倍近く伸びた。しかも年間商品になったことで、流通との交渉や製造工程の効率も改善されたのである。

この間に強力なライバル商品が登場したこともあったが、ミツカンはそれまでに培《つちか》ったマーケティングノウハウを使って、市場シェアを守ることができた。

4 ブランド構築へのチャレンジ

[バブル期]（一九八九〜九二年）　この時期、ミツカンはそれまで夏場に行ってきた味ぽんの汎用キャンペーンを鍋の季節である冬場にも実施した。これが大きなヒットになり、味ぽんは八九年には対前年比で一二〇パーセントを記録した。

[バブルの崩壊]（一九九三〜九四年）　バブル経済の崩壊とともに、味ぽんの売り上げは突然減少した。九三年と九四年の二年連続で出荷高が前年を割り込んだ。

味ぽんのマーケティングチームの分析によれば、主な原因は三つあった。

一つは、味ぽんの味に消費者が飽きてしまったこと。二つ目には、汎用キャンペーンを急いだために味ぽんの世界を広げすぎたり、売り上げを回復しようとして「インパクト」のあるテレビCMを打って失敗したこと。さらに三つ目は、バブル期に味ぽんの改良を怠《おこた》ったことである。

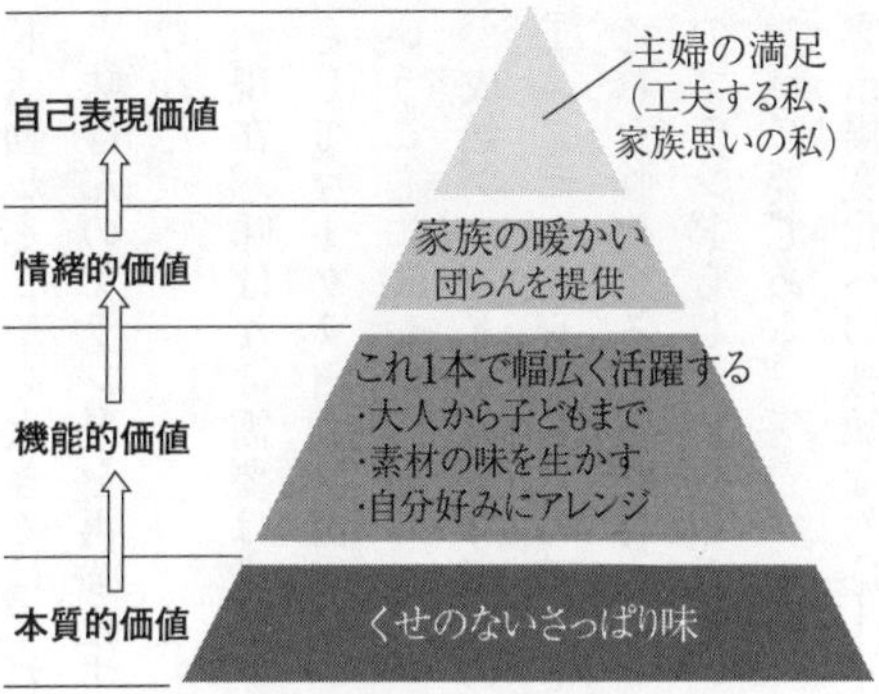

図21　味ぽんのブランド価値構造

「再構築期」（一九九五年〜現在）　この経験から味ぽんのマーケティングチームが行ったのは、味ぽんの「原点回帰」であった。

新しい広告では、昔から使われてきた「ミツカン、あ〜じ〜ぽん！」というサウンドロゴを復活させ、広告の締めでは「ブランディング・ショット」と呼ばれる、味ぽんを象徴するようなパッケージショットを繰り返し出すようにした。また、味ぽんだからこそ食べられる、おいしくて簡単なメニュー提案が行われた。そこで提案された「のっけ盛り」というメニューは消費者に広く受け入れられた。

そして図21のブランド価値構造を規定して、ブランド活動がそこから大きくはずれないようにしたのである。

味ぽんのブランドを再強化する方策が行われた結果、九五年にはV字形の需要回復が見られた。

現在、味ぽんの需要は成熟ブランド特有のアップダウンを経験するようになっている。そしてマーケティング努力は、いかにしてこのアップダウンの影響を受けにくくするかということに注がれている。

成熟ブランドである味ぽんの活性化から見えてくるのは、以下のようなことであろう。
①「ブランドらしさ」の確認と強化——味ぽんのブランドがもつ強みは何かを分析して、それを強化することを行った。成熟ブランドの場合、立ち直らせようとするあまり、本来のブランドらしさが失われていることが多い。そのブランドらしさを掘り起こして磨く作業が必要である。
②市場変化への機敏な対応——鍋用から汎用調味料への促進を図ったように、消費者の変化にいち早く気づき、消費者のもつ潜在的なニーズにうまく対応したこと。
③一貫したブランド管理——ブランドの価値を定義して、それに忠実にコミュニケーションの調整を行い、新しい試みを行いつつ、担当者が交代してもブランドらしさを一貫して保つことのできる仕組みを社内につくり上げた。

成熟ブランドを活性化することは常にうまくいくわけではない。そこにはブランドらしさに立ち返る勇気と創意に満ちたアイデアが同時に必要となってくる。味ぽんはマーケティングの原理に忠実に従うことで見事な復活と活性化を遂《と》げた事例である。

ケース・スタディー 4 サントリーの缶コーヒー「BOSS」――コアカスタマーの発見

缶コーヒーの市場

缶コーヒーはいまや日本の「国民飲料」と言ってもよい。市場規模は約八〇〇〇億円、年間の消費量は日本人一人あたり一〇〇本にもなり、飲料業界では「缶コーヒーを制するものは、缶ドリンクを制する」と言われる存在である。

缶コーヒーの市場一位は日本コカ・コーラの「ジョージア」で、これの強みは全国に張り巡らした自販機のネットワークによるところが大きい。同社は早くからボトラー直販体制を敷き、その強みを生かして便利な場所に自動販売機を設置することに成功した。つまり缶コーヒーの市場は、まずもって自販機の数が物を言う世界なのだ。

市場サバイバルへの挑戦

一九九一年までサントリーの缶コーヒーは「ウェスト」が主力ブランドであった。しかしウェストの市場シェアはわずか四・五パーセント、市場全体では第六位、出荷高(メーカーから流通に出荷した量)は一四五〇万ケース(一ケースは三〇本)しかなかった。しかも日本の缶コーヒー市場は、対前年比で一パーセントくらいの伸びしかない成熟したマーケットでもある。

缶コーヒー市場では後発に属するサントリーの危機感は強かった。そこで同社がまず行ったのは、劣勢にある自販機のテコ入れであった。その結果、現在のサントリーは三八万台の自販機をもち、一位の日本コカ・コーラ(八五万台)に迫るとともに、三位のダイドードリンコ(二十数万台)を引き離しつつある。当時から現在までにサントリーが自販機に投じた資金は直接的な経費だけで二〇〇億円、販売促進費用も含めると四〇〇億円にもなる。

もう一つの決断はウェストに見切りをつけて、新しい缶コーヒーブランドの「BOS

S」を市場に投入することだった。それは組織を変えることからはじまった。

BOSSのコンセプトワーク

それまでサントリーでは、ブランドマネージャーを中心に、デザイナー、コピーライター、研究者（R&D）が役割分担して新製品開発に携わることになっていた。

BOSSの開発で変わったのは、ブランドマネージャー、デザイナー、コピーライター、研究者を「チーム」組織に一体化して、「コンセプトワーク」つまりコンセプトづくりに集中させることだった。

このチームが注目したのは、多くの市場には二〇パーセントのユーザーが全体の八〇パーセントを消費する「二〇対八〇の法則」と呼ばれている状況があることだった。

缶コーヒー市場にも同じ状況があり、一日一本以上缶コーヒーを飲む「ヘビーユーザー」はユーザー全体の一七・九パーセントで、消費量全体の六一・四パーセントを占めていた。また、ユーザーの九パーセントの「ウルトラ・ヘビーユーザー」（一日三〜四本以上消費）が、消費量全体のなんと四五パーセントを占めていた。

サントリーの調査によると、典型的なヘビーユーザーの職業は、外回りの営業マン、（タクシーやトラックの）運転手、工員、職人である。ヘビーユーザーは仕事の合間に缶コーヒーを飲む――それもタバコを吸いながら（コーヒーの缶は灰皿になる）。また車を運転するときは、ドライブインで休憩しながら飲む。仕事の現場に着くとすぐに缶コーヒーを飲む。……。

そのころの缶コーヒー・メーカーが目指していたのは、家庭で飲まれるレギュラーコーヒーの味だった。しかし、肉体を酷使することの多いヘビーユーザーの要求する缶飲料は、甘いもの、炭酸などの刺激があるもの、そしてタバコとの相性がよいものだった。

そこで考えられた「表」のコンセプトは、「飲み飽きない」「一日に何本も飲める」「後味のよい」「タフで男っぽい」缶コーヒーだった。

しかし新しい缶コーヒーの開発では、ヘビーユーザーの心理をもっと積極的に読み込んでいくことが必要だった。

ヘビーユーザーの多くは仕事好きで熱心、仕事がうまくいかなくてもあきらめないでがんばる、いわゆる「一匹オオカミ」で、現場では毎日違った人と接触するが、車の中では一人ぼっちである。

こういったヘビーユーザーは、「自分の缶コーヒー」に愛着をもっている。それは仕事を支えてくれるし、くつろぎと気分転換の助けとなる。時間としても五～六分間はいっしょに過ごす「仲間」である……、つまり缶コーヒーは「頼りになる奴」でなくてはならない。

そこで考えられた「裏」のコンセプトは、「働く男の相棒コーヒーBOSS――いつもがんばっているが、いつか報《むく》われる。おまえは一国一城の主《あるじ》（ボス）なんだ」であった。

このコンセプトの画期性は、「BOSS」というのが仲間であると同時に、ユーザー自身のメタファー（隠喩）になっていることだ。"I am a boss, You are a boss, too. You will be a boss."（私がボスだ、あなたもボスだ、あなたもいつかはボスになれるんだ）――こういった隠れたメッセージがBOSSのコンセプトに内蔵されているのである。

このような表と裏のコンセプトワークの結果、「BOSS」のネーミングも決まった。まじめに働く男、質実剛健の色＝紺を基本カラーにして、BOSSの顔をフューチャーした缶デザインも決められた。またロックスターの矢沢永吉を起用したテレビCMが制作された。

こうした経過から生まれたBOSSは、九二年に一〇〇〇万ケース、九三年に二四〇〇万ケース、九四年に二九〇〇万ケース、九五年には三一〇〇万ケースと、それまでの「ウエスト」を大きく上回る売上実績を残すことができたのである。

BOSSの成功からわかること

サントリーは九六年に、「もう一人のBOSS」というコンセプトをもつ「BOSSプラスワン」を発売した。九〇年代の半ばごろから缶コーヒー市場に、技術者、エンジニア、編集者といった知的なライフスタイルをもった新しいユーザーが登場したからである。

さらに、九〇年代の後半、ホワイトカラーの割合がヘビーユーザーのなかで増加する現象が見られた。「三不の時代」とサントリー内部で呼ばれた時代である。「三不」とは「不景気、不合理、不道徳」のことだ。元気のなさが時代の風潮となり、刺激やいたわりを求める気持ちが強くなった。

このときに「ちょっとラッキーな気分にさせてくれる、ちょっとゴージャスな気分にさせてくれるBOSSセブン」が発売になった。「ガツン」のコマーシャルで「ええカッコし」のサラリーマンを描いたCMシリーズが大ヒットした。

このようにBOSSは時代背景と歩調を合わせて進化を遂げ、現在では缶コーヒー市場第二位のブランドに成長した。

このBOSSの歩みから浮かび上がってくることの一つは、「ブランドを信じる」姿勢である。その場しのぎ的な製品開発に追い回されずに、トップの意思をベースにしてコンセプトワークに重点を置いてブランドを築き上げる、それが結局、長期にわたって市場に根づく唯一の方法であることを証明したことである。もう一つは、核となるユーザーが何を望んでいるかを地道に観察し分析した姿勢である。

BOSSの成功は、顧客がどのような存在であるか、それを「解釈する」ことがマーケターの本質的な課題であることを教えている。

ケース・スタディー5 トヨタの「カローラ」――成熟ブランドのコミュニケーション

車市場の変化

日本の自動車は所帯普及率で見ると、一〇〇世帯あたり一〇七・五台（「2001年の日本の自動車工業」）で、日本の住宅事情を考えると車市場は、すでに成熟のレベルに達している。

軽自動車を含む販売総数（登録数）のこれまでのピークは、一九九〇年の七七八万台であった。これ以降、販売台数はアップダウンを起こすようになった。需要が一巡し、買い替えが中心の市場に変わったからだ。二〇〇〇年の販売総数は五九六万台、ピーク時の七六・六パーセントにとどまっている。

業界トップのトヨタ自動車は、二〇〇〇年度の決算でも好調である。グループ連結ベースでの売上高は一三兆四〇〇〇億円、経常利益は九七二二億円にもなる。トヨタ単体での市場シェアは前年（一九九九年）の三九パーセントから四三パーセントに回復し、年間販売台数も一七七二万台で前年を三・六ポイント上回っている。

二〇〇〇年のトヨタの好調を支えた要因の一つが、同年にモデルチェンジされた「カローラ」である。長年にわたってユーザーの支持を得、またベストセラーとなってきたカローラのモデルチェンジはどのようにして成功したのだろうか。

モデルチェンジというマーケティング

日本の乗用車は、現在では四〜五年に一度フルモデルチェンジ（全面リニューアル）される。これは海外のメーカーの平均と比較すると、かなり短い。全面リニューアルの間にも小規模なマイナーチェンジが行われるから、日本の車市場では「新しくすること」が販売店の刺激になり、消費者の購入をうながすきっかけづくりになっているのである。

しかし近年、車の保有年数は伸びる傾向がある。一台の車が平均して一〇年間乗られるようになってくると、「モデルチェンジは効果がある」という、これまでのマーケティングの常識が通じなくなることも考えられる。

車のモデルチェンジ計画を進めるのは、ふつう「CE（チーフエンジニア）」と呼ばれる部長クラスの技術職である。モデルチェンジが予定される四年前に、営業サイドの人間を中心にして新車に必要な将来市場の調査をする。この調査・分析を踏まえて、CEは新車販売の三年前に、デザイン・エンジン・足回りなどの基本になる「CE構想」を出す。

CE構想をサポートするのは、商品企画・国内企画・海外企画などの事務部門担当者である。

カローラのモデルチェンジ戦略

「カローラ」は六六年に発売されてから、三〇年以上にわたって車種別年間売れ行き第一位を続けてきたブランドで、「ファミリーカー」の代名詞とも言われた。

このようなビッグブランドのモデルチェンジは容易なことではない。時代にふさわしい「新しさ」「革新」といった要素を新しいカローラに盛り込まねばならないが、一方で、これまで培われてきたブランド資産があり、それを無視した全面リニューアルはできない。

しかもカローラにはクリアしなければならない大きな課題があった。それは、カローラのようなセダンタイプに対する人気の低下である。MPV（多目的車）、ミニバン、ワゴン車などと呼ばれるタイプの車が二〇〇〇年には市場の七一パーセントを占めるようになり、セダンタイプのシェアは四五パーセントから二九パーセントに低下した。

そこで、初代から数えて九代目のカローラを開発する中心テーマになったのは、「NCV＝ニューセンチュリーバリュー（新世紀の価値）」というキーワードであった。これを実現するポイントは六つあった。

第一番目は「ヒップポイントの高さ」の実現である。カローラは子どもからお年寄りまで幅広い年代の人が乗るクルマなので、乗り降りがしやすいようにお尻があたる座席をミニバンのように高くする必要がある。新型カローラでは従来のヒップポイントより七〇ミリ高くすることにした。

二番目は居住性の改良である。近年はゆったりとした車内空間、とりわけ足元に余裕があることが望まれている。そこで、後部座席の空間（前後座席の距離）を従来より七〇ミリ広げ、八八五ミリとした。これはマークIIのようなミディアムカーに匹敵する長さである。

三番目は、車体デザインの工夫である。一番目と二番目の改良をすると、ずんぐりしたスタイリングになってしまう。車体全長を変えずに前後のウィンドウガラスの角度を寝かせて、バランスの取れたスタイルを実現した。

四番目の改良点は品質感である。ブランドマネジメントでは、「知覚品質（どの程度品質が消費者に知覚されているか）」は重要なポイントとされている。この知覚品質を高めるために「見切り幅（外見上のスキマの幅）」を高級車並みの狭さにした。たとえばバンパーとボディーの間にはスキマがあるが、その幅をできるだけ短くしたのである。

五番目は「質の高い走り」の実現である。従来のカローラより高い動力性能、二〇パーセント低い燃費、さらに一ランク上のビスタ並みの室内静粛性をもつようにした。

六番目は価格である。エアコンやパワステなどのオプション類を加えても、同じクラスの競合車に太刀打《たちう》ちできる価格にした。これは値引きに依存しない販売戦略を進めるうえでも重要だと考えられたのである。

このような商品力の改良によって、新型カローラはターゲット層になる二〇～四〇代の男性に対する発売前の調査で、旧型カローラよりも高い評価を得ることができた。イメージ比較でも、旧型が「親しみやすい」「オーソドックスな」「落ち着きのある」といったイメージをもっていたのに対して、新型カローラは「個性的な」「若々しい」「先進的な」「洒落《しゃれ》た」といったイメージでとらえられ、「高級な」「優雅な」「スポーティな」という評価もあった。

従来のカローラのイメージを打ち破る商品力を実現した後、新型カローラの成功は、どのようにして開発テーマの「新世紀の価値（NCV）」を消費者に伝達するかにかかっていた。

新型カローラのコミュニケーション戦略

新型カローラのコミュニケーション戦略がスタートしたのは発売八ヵ月前だった。まず検討されたのは、カローラのもつイメージ資産である。

三二年間市場で第一位を続けてきたカローラには正のイメージ資産もあれば、負の資産もある。それをまとめたのが図22で、蓄積されたイメージ資産のうちどれを強化し、どれを廃棄しなければならないかが、この表をもとにして検討された。

検討段階で、「カローラ」の車名を継続して使うのかという議論もあったが、十分に「フィロソフィとして語るに値する」ブランドであることが確認された。同時に、これまでのイメージ資産から、新型カローラが目指すのは「積極的に選ばれるブランド」であることが確認された。

ブランディングのうえで重要な決定は、カローラシリーズの全体を「カローラ」一本に

強い正のイメージ資産	これまで伝わらなかった正のイメージ資産	負のイメージ資産
●信頼できる	●自分に合う	●保守的
●高品質	●デザインがよい	●高年齢向け
●伝統がある	●スポーティ	●貧乏くさい
●場所を選ばない	●スマート	●古くさい
●誰が乗ってもよい		●さえない
●お買い得		
●実用的		

図22　カローラのイメージ資産

しぼることだった。旧型カローラのサブ・ブランドには「ツーリングワゴン」「レビン」「スパシオ」の三つがあって、コミュニケーションのうえではそれぞれが別の車種であるかのように扱われていた。

二〇〇〇年から発売するカローラシリーズでは、四つの車種（カローラ、カローラフィールダー、カローラランクス、カローラスパシオ）を同じようなトーンでコミュニケーションを行い、カローラのブランド力を強化する戦略が採用された。

コミュニケーションターゲットとして提示されたのは、「二一世紀型生活者」という人間像である。

「二一世紀型生活者」には四つの特徴がある。一つは、商品づくりの基本がしっかりしたものを買いたいという「基本追求」の姿勢、二つ目は「自分裁量」つまり自分の好みに合わせて自分発想で使いたいという意識、三つ目は品質と価格の両面に優れた商品を買い求めたいという「シンプルベーシック」、四つ目は幅広いバリエーションから自分の好きなものを選びたいという「マルチ」である。

このような消費者像を固めたうえで、コミュニケーション戦略が立てられた。テレビCMには、「新世紀の価値」を追求した新型カローラとシンクロできるような、前向きに挑戦しつづけるイメージをもつメッセンジャーとして、セダンとフィールダーには北野武を、ランクスにはつんくを、スパシオには森高千里を起用した。

どのCMにも映画「菊次郎の夏」に使われた印象的な音楽を流し、キャッチフレーズは「変われるって、ドキドキ」に決まった。北野武が画面いっぱいに登場して「カローラが変われる時代だ。あんたはどうだい?」と語りかけるテレビCMはインパクト十分だった。

このような戦略の結果、新型カローラの売れ行きは二〇〇一年五月までに一三万八〇〇〇台、コンパクトカー市場ではシェア一七パーセント(旧型では一一パーセント)になった。イメージ調査の結果でも、それまでの「お買い得な」「親しみのある」ポジショニングから「走りの良い」「洗練された」イメージへと移行した。

フルモデルチェンジした新型カローラは、「成熟化した市場」における成熟ブランドの成功例である。ブランドのもつ基本フィロソフィに忠実でありながら、「こんな人に買ってもらいたい」という購入者像を明確にした戦略立案とその実行力は注目するに値する。

あとがきにかえて――危機からの回復としてのブランド

ブランドは危機の産物である。ブランド構築の必要性に企業が目覚めるのは、その企業が何らかの危機に陥《おちい》り、そこから回復しようとするときである。ここで言う「企業の危機」には大きく言って二つある。

一つは、その企業の事業そのものが時代と環境に合わなくなり、自分を見失いそうになったときである。一九三〇年代にP&G（プロクター・アンド・ギャンブル）がブランドマネジメント制度を初めて採用した背景には、二九年にアメリカを襲った大恐慌があった。また、ソニーが強力なブランドを構築した背景には九〇年代前半のAV市場の深刻な不況があった。

もう一つは、企業が海外に進出したとき、それまでの企業ブランドが「異邦人」に通用しない事態を経験したときである。資生堂はアメリカ市場に進出したとき、現地のコンサルタントの言うことを聞きすぎて自社のあり方を見失ったことがある。それが資生堂ブランドとは何であったかを改めて問うきっかけになったという。多くの日本企業が海外に進出したが、現地まかせであったブランド管理の必要性に目覚めたのは九〇年代の後半であった。

ブランド構築に成功した企業に共通する特徴とは何だろうか。それは危機に直面したとき、競合他社よりもいち早くブランド構築の必要性に気づき、それを実践したことである。サントリーやアサヒビールなどはこうした企業に属している。

一方、一八五年のコカ・コーラの失敗（ペプシコーラの追い上げに、あせったコカ・コーラが「ニューコーク」を出して消費者からの反発を買って失敗した事件）は今日広く知られているが、日本でもキリンビールがアサヒビールの「スーパードライ」の追撃に対して行った「ラガー生化」（一九九六年）の結果、シェアを減らしたことも記憶に新しい。

企業は危機に対して自分が何者であったかを正しく見出せない限り、ブランド構築はのぞめない。この意味で、ブランド構築とは企業にとって何よりも「主体の再確立」なのである。

日本企業の多くが、これまで長い間ブランド構築というような「わずらわしい」仕事の重要性を理解しなかったのは、ブランドを必要とするだけの危機を経験しなかったからにすぎない。欧米の企業がブランドについて伝統的に熱心なのは、これまでに何度となく深刻な危機にさらされて、危ない目にあったという苦い経験からきている。

今日、日本企業がブランド構築の必要性に気づき、実践しようとしているとすれば、それは深刻な危機に直面して、主体性を回復しようという新たな決意の表れであると信じたい。

本書はこのような問題意識をベースにしながらブランド戦略の概略を説明してきた。巻末の参考図書案内にも取り上げたような、さまざまな研究成果を踏まえているが、本書で述べたことの多くは筆者の経験と考察によるものである。この本を書くにあたっては、ブランドに関心をもつ人々はもちろん、企業でブランドについて考えざるをえない立場にあるマーケターの人々、ブランドマネジメントにトップの立場から携《たずさ》わる人たちも念頭におくように努めたつもりである。

本書をまとめるに際しては多くの方々のお世話になった。筆者の大学院時代の恩師村田昭治（慶応義塾大学名誉教授）、九一年のサンフランシスコの学会でブランドに着目することを教えていただいたデビッド・アーカー（カリフォルニア大学バークレー校名誉教授）、電通時代からさまざまな教えと機会を与えていただいている仁科貞文（青山学院大学教授）、ブランドに関心をもつ人が誰もいなかったように見えた九〇年代のはじめ、ブランド論を書くことをすすめてくださった上原征彦（明治学院大学教授）の諸先生方に、まず感謝申し上げたい。

また、電通在社時代からさまざまな示唆を与えてくださっているブランド研究者と実務家の多くの方々にも、厚く御礼を申し上げたい。ここでお名前を挙げることは控えさせていただくが、本書はそれらの人々に多くを負っている。

同時に筆者のゼミの学生たちと、法政大学大学院ビジネススクール（HBS）に通う社会人学生の人たちへの感謝を記しておきたい。修士論文やゼミ活動を通じた共同作業のなかから得られた生の情報やヒントは本書のあちこちに隠されている（HBSのホームページは、http://www.hosei.ac.jp/gs/index.html）。

なお、本書第8章の「ブランドのケース・スタディー」はもともとNTT東日本の社内誌「ビジネス」に掲載された連載に改変を加えたものである。連載当時の取材先の方々、NTT広報部・編集スタッフに感謝したい。

最後になるが、本書を生み出すきっかけを作ってくれたお二人に深い感謝の念を表しておきたい。その一人は美術評論家で国語教育のエキスパートである工藤順一氏である。工藤氏との交流は筆者の思索にとって欠かせない刺激となっている。そして講談社現代新書出版部の田辺瑞雄氏には、本書をまとめるために多大な忍耐と労力を払っていただいたことを記しておかなくてはならない。

今年、本書を執筆中に亡くなった父正蔵と五年前に亡くなった母幸子に本書を捧げたい。本書には、両親が営んできた材木商の教えが活かされているはずである。

二〇〇二年暑い夏の終わりに

田中　洋

深いものなのに、これらの企業家たちは、どのように消費者の関心を呼び起こし、なぜ広範な顧客から支持されるようになったのか——これが著者の問題意識であり、たまたま起こった大きな経済的変化の要因（人口増や生産性の向上など）に彼らの働きかけがダイナミックにかかわって成功が生み出された——が、その結論である。

この結論そのものに目新しさはないが、本書の特長は綿密に調べ上げられた個々のブランド構築のプロセスにある。生産も消費も大きく変化している現在、新しい生産様式や消費パターンを作り上げるとはどういうことなのかを知るうえで貴重な書である。著者はハーバード大学ビジネス・スクールの歴史学教授。

欧米によく見られるマネジメントのやり方である。
日本型ブランドを、欧米で生まれたブランド理論と突き合わせたうえで、ブランドマネジメント理論を発展させた労作である。

『最新ブランド・マネジメント体系——理論から広告戦略まで』(青木幸弘、小川孔輔、亀井昭宏、田中 洋編著 日経広告研究所 1997年)
『ブランド構築と広告戦略』(青木幸弘、岸志津江、田中 洋編著 日経広告研究所 2000年)
この2冊は日本のブランド関係の論文を集大成したもの。それぞれの分野における主要な論者とその論点を知るうえで欠かせない本である。
『最新ブランド・マネジメント体系』では、ブランドをマーケティングの中心概念にすえることが基調になっている。
『ブランド構築と広告戦略』は、広告の立場からブランドの諸問題をとらえるには最適の本で、インターネットブランドなど類書には見られない新しい知見を含んでいる。

『ブランド価値共創』(和田充夫著 同文舘出版 2002年)
著者は慶応義塾大学ビジネススクール教授。ブランドマネジメント論の先駆者として『ブランド・ロイヤルティ・マネジメント』(同文舘出版 1984年)を著したことで知られる。本書では、企業と消費者はインタラクティブな関係にあり、両者は共同してブランド価値を創造するという「ブランド共創(Brand Co-Creation)」概念が新しく提唱されている。
企業中心の立場からマーケティングを研究する従来のマネジェリアルマーケティング論にあった「ブランドロイヤルティ(銘柄忠誠)」という概念は、ややもすると消費者を主従関係でしか見なかった——この反省から著者はブランド・エクィティ論を批判し、関係性マーケティングの立場から新たなブランド価値論を本書で展開している。

『ザ・ブランド——世紀を越えた起業家たちのブランド戦略』(ナンシー・ケーン著 樫村志保訳 翔泳社 2001年)
本書には、ウェッジウッド、ハインツ、マーシャル・フィールド、エスティ・ローダー、スターバックス、デルコンピュータといった世界的なブランドをつくった企業家6人が登場する。
いつの時代でも消費者は新しい製品やサービスに対しては用心

る。グローバル企業のパワーブランドに共通する法則を見出すことが目指されている。

　これを解明するために著者は代表的なグローバル企業のトップにインタビューして、彼らが考えるブランドの意味を聞き出しているが、これ自体が類書にはない貴重な記録となっている。

　マーケティングサイエンスでは、しばしばモデリングなどの高等数学や統計的手法が用いられる。著者は、この分野の研究で知られた人だが、本書はわかりやすい口調で述べられており、グローバル企業に関心をもつビジネスマンにもおすすめの本である。


『ブランド――価値の創造』（石井淳蔵著　岩波新書　1999年）

　著者は流通とマーケティングが専門で、近年はいわゆる「ポストモダン」的なアプローチを取る研究者としても知られている。

　本書のテーマは「商品名であるブランドが、なぜ価値をもつようになるのか」というブランド本質論である。

　著者によると、ブランドは製品指示型、技術横断型、使用機能横断型、ブランドネクサス型の4タイプに分類できるが、「ブランドだけがブランドの現実を説明できる」とする著者のスタンスからすると、多様な技術と使用機能を包含するブランドネクサス型ブランドが、ブランドらしいブランドであるという。その代表的ブランドの一つは「無印良品」で、具体的な商品としては何も示していないが、固有の意味世界をもつからだとされる。

　本書は実践的なブランド戦略を知りたい人向きではないが、ブランドについて深く考えようとすれば避けて通れない必読書である。

『日本型ブランド優位戦略――「神話」から「アイデンティティ」へ』（陶山計介、梅本春夫著　ダイヤモンド社　2000年）
　本書のテーマは、マクドナルドやコカ・コーラのようなグローバル企業のブランドとは異なる背景をもつ、日本型ブランドを対象としたマネジメント論である。ブランド・アイデンティティに関するさまざまな論点と事例が紹介されているが、著者によると、ブランドの進化には2つの「経路」があるという。
　その一つは、トヨタのように企業全体を管理していくなかから個々のブランド・アイデンティティが生み出されていく「アウトサイド・イン」の経路で、これはどちらかといえば、日本型のブランド戦略。もう一つは「インサイド・アウト」の経路で、企業全体のマネジメントを既存ブランドがもつＤＮＡに合わせていく

『戦略的ブランド・マネジメント』（ケビン・レーン・ケラー著　恩蔵直人、亀井昭宏訳　東急エージェンシー出版部　2000年）

著者はダートマス大学の消費者心理学者。ブランドマネジメントに関する理論を体系的・包括的に述べた本書は大学院のビジネススクールの教科書にも使われている。

本書のベースは著者の考案による「顧客ベースのブランド・エクィティ」概念で、これは消費者がブランドの行うマーケティング活動に触れたときに起こる反応のなかに、ブランド・エクィティを見ようとする考え方である。著者の専門を生かした消費者心理を中心にした割り切った見方であり、本書の解説を切れ味のよいものにしている。

もう一つの特徴は豊富な事例があることで、巻末にも優れたケース・スタディが入っている（原著巻末の長文のケース・スタディは訳書ではカットされている）。

『ブランド戦略の実際』（小川孔輔著　日経文庫　1994年）
『当世ブランド物語――ユニークなブランドを創った十四の物語』（小川孔輔著　誠文堂新光社　1999年）

『ブランド戦略の実際』は日本人によるブランド戦略論の解説書としては、もっとも早く出版されたもので、文庫版でもあり、初心者にも読みやすくわかりやすい。

本書の特徴は、「サービスのブランディング」について特に1章をもうけ、無形の商品であるサービスを「有形化する」（マークやユニフォームなどによってサービスの質を顧客に見えるようにする）ことの重要性を説いていることである。

同じ著者による『当世ブランド物語』は、有名ブランドをもつ日本企業へのインタビュー記事をまとめたもの。「虎屋のようかん」など、そのブランドを形成・発展させた企業の考えを具体的に知ることができる。事例を中心に学びたい人向けの好著である。

著者はマーケティングサイエンスが専門の法政大学経営学部教授で、ほかにも入門者向けの『よくわかるブランド戦略』（日本実業出版社　2001年）がある。

『パワー・ブランドの本質（新版）』（片平秀貴著　ダイヤモンド社　1999年）

本書のテーマは、「ブランドという存在が人々に威力を及ぼしているのはなぜか」というブランドがもつ「意味」の探究であ

参考図書案内――ブランド論の本12選

『ブランド・リーダーシップ』（デービッド・アーカー、エーリッヒ・ヨハヒムスターラー著　阿久津聡訳　ダイヤモンド社　2000年）

著者のD・アーカーは、1990年代を代表する研究者で、彼の『ブランド・エクィティ戦略』『ブランド優位の戦略』（いずれもダイヤモンド社）はブランド論の名著として知られ、ブランドを狭い意味でのマーケティング戦略だけでなく、より広い経営戦略の課題として取り扱っていることが特徴である。

本書では、事業戦略を立案・実行しながらブランド・エクィティを長期的視点に立って育成する「ブランド・リーダーシップ」の考え方を紹介し、企業はブランドに関する組織、体系、アイデンティティ、構築プログラムの４つの課題に立ち向かわなければならないと主張している。90年代のブランド論の一つの帰結であり、著者にとっても一つの区切りをなしているブランド論の必読書である。

『ブランド・ビルディングの時代――事例に学ぶブランド構築の知恵』（青木幸弘、電通ブランドプロジェクトチーム著　電通　1999年）

本書は「アドバタイジング」誌に連載された青木幸弘学習院大学教授とブランド企業との対談記事を１冊にまとめたもの。本書のはじめで青木氏は、1980年代から90年代のブランド論は「手段としてのブランド」「結果としてのブランド」「起点としてのブランド」の３つに区分できると指摘する。

85年までは、ブランドはマーケティングマネジメントにとっての「手段」でしかなかったが、85年から95年は、ブランド・エクィティ概念を中心にマーケティングの結果としてのブランド資産を重視する意識が高まった時代で、96年以降はマーケティングの起点にブランドを位置づけ、これを育成することがマーケティングの至上課題になっているという。

本書には「メリット」「ポカリスエット」「ほんだし」など、日本のトップブランドに関する対話が収められ、電通の「ブランドマイスター」システムの概略も紹介されている。実践的なブランド戦略を日本企業のケースから学びたい人におすすめできる。

講談社現代新書　1624

企業《きぎょう》を高《たか》めるブランド戦略《せんりゃく》

二〇〇二年九月二〇日第一刷発行

著者――田中《たなか》　洋《ひろし》

発行者――野間佐和子　発行所――株式会社講談社
東京都文京区音羽二丁目一二―二一　郵便番号一一二―八〇〇一
電話（出版部）〇三―五三九五―三五二一　（販売部）〇三―五三九五―五八一七　（業務部）〇三―五三九五―三六一五
印刷所――凸版印刷株式会社　製本所――株式会社大進堂
（定価はカバーに表示してあります）　Printed in Japan

N.D.C.675　216p　18cm
ISBN4-06-149624-7

「講談社現代新書」の刊行にあたって

教養は万人が身をもって養い創造すべきものであって、一部の専門家の占有物として、ただ一方的に人々の手もとに配布され伝達されうるものではありません。

しかし、不幸にしてわが国の現状では、教養の重要な養いとなるべき書物は、ほとんど講壇からの天下りや単なる解説に終始し、知識技術を真剣に希求する青少年・学生・一般民衆の根本的な疑問や興味は、けっして十分に答えられ、解きほぐされ、手引きされることがありません。万人の内奥から発した真正の教養への芽ばえが、こうして放置され、むなしく滅びさる運命にゆだねられているのです。

このことは、中・高校だけで教育をおわる人々の成長をはばんでいるだけでなく、大学に進んだり、インテリと目されたりする人々の精神力の健康さえもむしばみ、わが国の文化の実質をまことに脆弱なものにしています。単なる博識以上の根強い思索力・判断力、および確かな技術にささえられた教養を必要とする日本の将来にとって、これは真剣に憂慮されなければならない事態であるといわなければなりません。

わたしたちの「講談社現代新書」は、この事態の克服を意図して計画されたものです。これによってわたしたちは、講壇からの天下りでもなく、単なる解説書でもない、もっぱら万人の魂に生ずる初発的かつ根本的な問題をとらえ、掘り起こし、手引きし、しかも最新の知識への展望を万人に確立させる書物を、新しく世の中に送り出したいと念願しています。

わたしたちは、創業以来民衆を対象とする啓蒙の仕事に専心してきた講談社にとって、これこそもっともふさわしい課題であり、伝統ある出版社としての義務でもあると考えているのです。

一九六四年四月　野間省一

経済・経営

350 経済学はむずかしくない 第2版——都留重人
1028 日本の企業発展史——下川浩一
1146 レギュラシオン理論——山田鋭夫
1150 「欲望」と資本主義——佐伯啓思
1221 日本的市場経済システム——鶴光太郎
1229 税金の論理——石弘光
1302 ケインズを学ぶ——根井雅弘
1339 国の借金——石弘光
1362 金融ビッグバン——向壽一
1388 株式会社とは何か——友岡賛
1397 金融不安——及能正男
1409 為替市場の読み方——佐中明雄
1426 デジタル産業革命——山根一眞
1431 バブルとデフレ——森永卓郎
1451 21世紀の経済学——根井雅弘
1475 メディア資本主義——高橋文利
1489 リストラと能力主義——森永卓郎
1496 銀行革命・勝ち残るのは誰か——小原由紀子
★1507 eビジネスに強くなる——島田隆 安藤佳則
1438 シティバンクとメリルリンチ——財部誠一
1445 ユーロ経済を読む——新田俊三
★890 企業のパラダイム変革——加護野忠男
1065 MBA——和田充夫

言葉とコミュニケーション

837 中国の名句・名言——村上哲見
857 ジョークの哲学——加藤尚武
881 うそとパラドックス—内井惣七
922 シャーロック・ホームズの推理学—内井惣七
925 日本の名句・名言——増原良彦
1264 四字熟語——島森哲男
1275 自分をどう表現するか—佐藤綾子
1468 国語のできる子どもを育てる——工藤順一
1515 バイリンガリズム——東照二
★ 1517 悪の対話術——福田和也
433 原稿の書き方——尾川正二
587 文章構成法——樺島忠夫
★ 1467 いきいきと手紙を書く—轡田隆史
553 創造の方法学——高根正昭
1367 パソコンを疑う——岩谷宏
1378 パソコン翻訳の世界——成田一
★ 1417 パソコンを鍛える——岩谷宏

327 考える技術・書く技術—板坂元
436 知的生活の方法——渡部昇一
538 続 知的生活の方法—渡部昇一
722 「知」のソフトウェア——立花隆
1408 創造力をみがくヒント—伊藤進
1453 図書館であそぼう——辻由美
1485 知の編集術——松岡正剛

心理・精神医学

184 異常の心理学——相場均
539 人間関係の心理学——早坂泰次郎
609 好きと嫌いの心理学——詫摩武俊
645 〈つきあい〉の心理学——国分康孝
674 〈自立〉の心理学——国分康孝
693 人はなぜ悩むのか——岩井寛
714 集団の心理学——磯貝芳郎
725 リーダーシップの心理学——国分康孝
780 ストレス・コントロール——内山喜久雄
791 チームワークの心理学——国分康孝
877 ナルシズム——中西信男
895 集中力——山下富美代
955 自己愛とエゴイズム——J・ガラルダ
960 自己表現上達法——齋藤勇
1011 自己変革の心理学——伊藤順康
1020 アイデンティティの心理学——鑪幹八郎
1027 「からだ」と「ことば」のレッスン——竹内敏晴
1044 〈自己発見〉の心理学——国分康孝
1091 ヘルピングの心理学——R・R・カーカフ／国分康孝監修 日本産業カウンセラー協会訳

1202 赤ん坊から見た世界——無藤隆
1241 心のメッセージを聴く——池見陽
1245 プラス暗示の心理学——生月誠
1298 論証のレトリック——浅野楢英
1335 知性はどこに生まれるか——佐々木正人
1376 子どものトラウマ——西澤哲
1390 多重人格——和田秀樹
1398 悩む性格・困らせる性格——詫摩武俊
1435 〈能力主義〉の心理学——岡本浩一
1465 トランスパーソナル心理学入門——諸富祥彦
1483 迷う心の「整理学」——増井武士
1494 セルフコントロールの心理学——生月誠
1519 心のマルチ・ネットワーク——岡野憲一郎
★
331 異常の構造——木村敏
383 フロイト——R・ベイカー 宮城音弥訳
613 夢診断——秋山さと子
622 うつ病の時代——大原健士郎
627 ストレス——宮城音弥
677 ユングの心理学——秋山さと子
697 自閉症——玉井収介
704 性格分析——小川捷之

721 天才——創造のパトグラフィー——福島章
824 森田療法——岩井寛
901 退却神経症——笠原嘉
914 ユングの性格分析——秋山さと子
945 正常と異常のはざま——森省二
981 対人恐怖——内沼幸雄
1083 青年期の心——福島章
1094 フロイト以後——鈴木晶
1159 心身症——成田善弘
1177 自閉症からのメッセージ——熊谷高幸
1198 ストレス対処法——D・マイケンバウム 根建金男 市井雅哉監訳
1278 ラカンの精神分析——新宮一成
1289 軽症うつ病——笠原嘉
1297 〈心配性〉の心理学——根本橘夫
1324 不安の心理学——生月誠
1348 自殺の心理学——高橋祥友
1372 〈むなしさ〉の心理学——諸富祥彦
1456 〈じぶん〉を愛するということ——香山リカ

社会

702 タバコ――宮城音弥
787 ことばを失った若者たち―桜井哲夫
1041 マフィア その神話と現実――竹山博英
1155 看護婦の現場から――向井承子
1201 情報操作のトリック―川上和久
1236 高齢社会・何がどう変わるか――金子勇
1296 どこでどう老いるか―木村栄
1338 〈非婚〉のすすめ――森永卓郎
1352 テレビCMを読み解く―内田隆三
1365 犯罪学入門――鮎川潤
1374 ファッションの技法―山田登世子
1384 マンガと「戦争」――夏目房之介
1403 〈自己責任〉とは何か―桜井哲夫
1443 チームの研究――竹内靖雄
1447 「転職」のすすめ――渡辺深
1472 電脳遊戯の少年少女たち―西村清和
1474 少年法を問い直す――黒沼克史
1477 情報イノベーター――川上和久 電通メディア社会プロジェクト
1479 消えゆく森の再生学―大塚啓二郎
1484 介護保険・何がどう変わるか――春山満
1491 テレビ・ドキュメンタリーの現場から――渡辺みどり
1509 交渉力――中嶋洋介
1540 戦争を記憶する――藤原帰一

★
590 家族関係を考える――河合隼雄
1349 〈性〉のミステリー――伏見憲明
1482 「家族」と「幸福」の戦後史―三浦展

外国語

52 英語の新しい学び方―松本亨
480 英語の語源―渡部昇一
958 英語の歴史―中尾俊夫
994 英語表現のトレーニング―脇山怜
1069 英語表現をみがく〈動詞編〉―豊田昌倫
1106 基本英単語を使いこなす―大内博
1122 英語小論文の書き方―V・ハーディ 加藤恭子
1225 プレイン・イングリッシュのすすめ―ケリー伊藤
1373 英語アナログ上達法―本田修
1402 英語の名句・名言―P・ミルワード 別宮貞徳訳
1415 これで通じる超・慣用英会話―川村善樹
1444 「英文法」を疑う―松井力也
1463 いますぐ使える実践ビジネス英語―浅見ベートーベン
1492 英単語この意味を知ればこわくない―栗原優
1533 英語のできる子どもを育てる―坪谷郁子
★
17 フランス語のすすめ―小林正
23 中国語のすすめ―鐘ケ江信光
26 ドイツ語のすすめ―藤田五郎
49 スペイン語のすすめ―荒井正道

614 朝鮮語のすすめ―渡辺吉鎔 鈴木孝夫
987 はじめての中国語―相原茂
1073 はじめてのドイツ語―福本義憲
1114 はじめてのフランス語―篠田勝英
1183 はじめてのスペイン語―東谷穎人
1342 謎解き中国語文法―相原茂
1353 はじめてのラテン語―大西英文
1396 はじめてのイタリア語―郡史郎

○